KB213452

진술분석

실제 사례를 통한 숨겨진 진실과 정의 찾기

김종률 저

학지사

머리말

　진술서를 통한 진술분석 작업은 그저 한 편의 글을 읽는 것만을 의미하지 않는다. 그것은 눈에 보이지 않는 진술인과 끊임없이 대화하는 과정이다. 그 과정을 통해 진술인이 말하고 싶었으나 말할 수 없었던 그 무엇을 찾아 나가는 작업이다.

　한 작가는 서대문 형무소에서 진술서를 썼던 자신의 경험에 기대어 죄 없이 진술서를 써야 하는 이의 절절한 심정을 표현한 바 있다.

　　아아, 진술서를 써야 한다는 그 상황! 나는 서대문 형무소에서 얼어붙은 잉크를 침으로 녹이면서 추위에 굳은 손가락에 펜을 끼고 그림을 그리듯 한 자 한 자 진술서를 썼다.

　그러면서 이 작가는 죄 없이 재판을 받고 징역을 사는 일에 대하여 다음과 같이 그 부당함을 토로한다.

……죄 없이 재판을 받고 징역을 산다는 것은 법률에 대해서도, 나 자신을 위해서도, 사회에 대해서도, 죄 자체에 대해서도 치욕이란 관념에서 벗어날 수는 없는 것이다.

그러므로 우리는 진술서에 배어 있는 치욕과 억울함을 결코 소홀히 할 수 없다.

그러나 한편 이런 치욕과 억울함이 배어 있지 않은, 냉정과 치밀함으로 위장된 진술서가 있음을 우리는 안다.

사건을 둘러싼 요란한 수사, 길게 이어지는 지루한 진실 공방. 그럼에도 불구하고 결국 아무도 책임지지 않게 된 사건들. 이제는 빛바랜, 이들 사건의 진술서 위에는 진실 게임의 승자가 되어 어딘가에서 살아가고 있을 범인들의 교활한 미소가 있다.

그것 또한 치욕이다. 이번에는 반대의 의미에서 다시 한 번 앞서의 표현을 빌리자면, 그것이 법률에 대해서도, 우리 자신에 대해서도, 사회에 대해서도, 죄 자체에 대해서도 치욕으로 다가오는 것을 우리는 견딜 수 없다.

이 책에서 사용한 분석기법은 진술분석의 여러 기법 가운데 수사의 초동 단계부터 재판 단계에 이르기까지 다양한 방식으로 활용될 수 있는 과학적 내용분석(SCAN: Scientific Content Analysis)을 바탕으로 한 것이다.

그러나 이 책의 고갱이에 해당하는 '기억의 전진법칙'과 '암초효
과'는 기존의 SCAN에는 없는 개념으로서, 필자가 우리나라에 처음
으로 진술분석을 도입한 이후 연구와 강의를 병행하면서 그 핵심
내용을 효과적으로 설명하기 위해 직접 고안한 것이다. 이는 실제
사건의 분석에서 아주 강력하고 유용한 수단으로 쓰일 수 있음을
날이 갈수록 실감하고 있다.

진술분석은 진술에 남겨진 자국과 편린에 대해 구도자의 심정으
로 그 의미와 이유를 묻고 따지는 지난한 작업을 통해 혹시라도 있
을 새로운 치욕을 막고, 정의와 진실을 밝히는 사실인정의 시작이자
끝이다.

2010년 8월
김종률

| 차 례 |

제1장
진술의 심리학

제2장
진술분석의 핵심

제3장
SCAN 기법의 이해

제4장
SCAN 기법의 적용,
두 편의 진술서에 대한 미시분석

제5장
SCAN 기법의 응용,
두 편의 진술서에 대한 거시분석

제6장
또 다른 사건의 분석

제7장
절대 미제 사건에의 도전

제8장
새로운 시도,
SCAN 기법을 넘어서

두 편의 진술서는 말한다

　사건의 발단은 2008년 6월, 경남 삼랑진 읍내 한적한 도로변에서 번호판이 뜯겨진 채 버려진 승용차 한 대가 발견된 것이다.

　차주 이미자는 실종된 지 며칠이 지난 것으로 드러났다. 경찰은 실종자와 내연의 관계에 있던 40대 중반의 남자를 유력한 용의자로 보고 조사하였으나, 그는 사건과 무관하다고 발뺌하다가 돌연 도주하였다. 그 후 6개월 만에 다시 붙잡힌 남자는 경찰 조사과정에서 2회에 걸쳐 진술서를 작성하였다.

　첫 번째 진술서에서 이 남자는 이미자와 만나기로 약속하고 약속

장소에 나갔으나 만나지 못하였고, 다만 사람은 없는 채로 자동차 키만 꽂혀 있는 이미자의 승용차에 앉아 있다가 집으로 돌아왔으며, 다음 날 여전히 세워져 있는 그 승용차의 번호판을 떼어 버리고 도주하였다고 기술하고 있다.

두 번째 진술서에서는 사건 당시에 신고를 하지 못한 것을 후회하면서 자신과 이미자가 괴한들로부터 습격을 당했고, 그때 괴한들이 이미자를 데리고 갔다고 하는 등 횡설수설하고 있다.

한마디로 이 남자가 범인이라는 심증은 가는 상황에서, 그가 작성한 진술서를 통해 사건의 실마리를 풀 수 있는 보다 명확하고 구체적인 단서를 확보할 수 있을 것인지가 우리 앞에 놓인 문제다.

과연 결코 길다고 할 수 없는 분량의 진술서를 통해 이 남자가 말하고 싶지만 말할 수 없는 그 무엇, 그것을 통해 사건의 진실에 접근할 수 있는 단서를 포착해 낼 수 있을까?

수사관 Y는 이러한 의문을 품고서 사실인정의 새로운 세계인, 진술분석의 문을 두드려 보기로 하였다. 이 사건은 차주 이미자가 행방이 묘연하고, 당일 현금을 인출한 점, 이미자의 승용차가 번호판이 뜯겨진 채 버려진 점 등으로 봐서 수사팀에 의해 비록 사체는 없을지언정 이미 살인사건으로 단정되고 있었다.

수사관 Y 앞에 놓인 두 편의 진술서. 과연 이 진술서들은 그 행간에 어떤 비밀을 숨기고 있는 것일까?

▶▶ 진 술 서 1◀◀

01. 자술서

02. 성명 성 장 한

03. 주민등록번호 580000 - 0000000

04. 주소 경남 거제시 일원동

05.

06. 1. 내용

07. 저는 2008년 6월 10일인지 11일인지 그날이 일요일 이었읍니다

08. 일요일 토요일 저녁에 김해시 생림면 소재 생림공단입구에서 6시에

09. 만나기로 했는데 제가 조금 늦게 약 30~40분정도 느깨사 나가는

10. 바람에 만나지 못했읍니다 그 당시에 이미자 씨의 차 앞쪽이 김해쪽으로

11. 서 있었읍니다 제 큰차 덤프 트럭을 세워놓고 차에 갔드니 차동차 키는

12. 꼽힌채로 있었읍니다 그래서 이미자씨 승용차 운전석 자리에 타고서

13. 의자를 뒤로 재친채 한참 약 30분 정도는 족히 있었는대 오지 않아서

14. 그냥 집으로 왔읍니다 그날 저녁에는 비바람과 천둥이 쳐는 바람에

15. 꼼짝도 못하고 있었읍니다 그 이튼날 일을하면서 또 그 자리에 갓드니

16. 이 미자 씨의 승용차가 앞부분이 김해 쪽으로 있는게 아니라 그 반대로

17. 서 있었읍니다 역시 승용차 키도 꼽혀 있었읍니다

18. 일하면서 세 번을 가바도 차는 그 자리에 키가 꼽혀 있었읍니다

19. 그 앞전에 차를 사기로 해가지고 현금을 가지고 있다는 말은

20. 들었읍니다 그러나 돈은 보지 못했읍니다 6월 초에 이미자 씨

21. 한태 돈 사백만원 빌린적은 있읍니다 그래서 일요일날 몇번을

22. 가보고 해도 차가 그 자리에 서있글래 제가 나쁜제를 지언모양

23. 겁도나고 또 돈 사백 빌린게 겁도나고 여러 가지로 제가 나쁜

24. 짓을 한것처럼 여겨 졌읍니다 그래서 일요일날 일 마치고

25. 저녁 일곱시나 되어서 경남 김해시 삼방동 신어산 올라가는

26. 입구 가든에서 동생들이랑 술먹고 있다가 저 자신도 모르게

27. 겁도나고 그 차에 드러간게 죄가 되어서 저녁 7~8시 사이에 그술자

28. 리를 빠저나와서 이미자 씨가 있는 차고 가보니 역시 키가 꼽힌채로

29. 그 자리에 있어서 저 자신도 모르게 겁이나고 해서 그차를 경남

30. 삼랑진 읍내 있는 큰도로 변에 차남바를 뛰어서 버리고 택시를 타고

31. 김해로 넘어와서 그 이튿날 김해경찰서 형사분들게 조서를 받았읍니다

32. 그이튿날 겁도 나고 이제는 인생 끝이라는 생각에 몰고다니든 큰차를

33. 매매상에 끌어다 놓고서 도피 생활을 했읍니다

34. 그길로 자살할려고 생각을 해보았지만 자살을 못했읍니다

35. 6월 20일 쯤 까지도 부산 온천장 찜질방으로 양산 찜질방으로

36. 다니다가 6월 25일 넘어서 울산으로 내려와 경남 양산시

37. 산성읍 산양지 소재에 있는 LG 유통내에있는 회집을 서울 동생동생에게

38. 팔백만원을 빌려 달라해가지고 그 회집을 인수해서 2008년 11월 20일까지

39. 회집을 운영 해오면서 도피 생활을 했읍니다

40. 11월 20일 넘어서 그 회집을 다른 사람에게 사백만원에 처분하고

41. 집에 있다가 붓들렸읍니다

▶▶ 진 술 서 2◀◀

01. 6월 10일 토요일 저녁 부산에서 일마치고 김해시 생림면

02. 나전리에서 6시에 만나기로 했는대 조금 늦은 것은 사실입니다 6시라는 시간은

03. 넘어서고 조금 빨리 와야 겠다는 생각으로 왔는대도 늦었습니다

04. 그때 잠시 저의 덤프트럭에 박힌 돌을 빼내고 제차를 세워놓고

05. 이 미자 차를 타고 생림 쪽으로 가서 생림 농협에 돈을 찾았습니다 돈을

06. 을마나 뺏는지를 모릅니다 생림 다리를 지나서 장진읍내로 드러가서 읍내에서

07. 밀양 쪽으로(즉 평촌) 쪽으로 가서 밀양시내가서 밥먹고 가자고 하는걸

08. 어두워서 지면 차 못보니까 그냥가자 하고 갔습니다

09. 밀양 시내를 지나 밀양솔밭 삼거리로 해서 표충사 다리에 가니

10. 우회전 회서 가자고 하드라고 그러면 방천 뚝으로 올라가면 차가 세워저

11. 있다고 해서 둘이서 차를 타고 갔읍니다 그기가니까 어둠이 살짝 깔렸

12. 읍니다 여덜시 못댔습니다 방천 뚝으로 약 1 km 정도 가니까 방천

13. 뚝 위가 무척 넓드라고요 그기가니까 검정색 무쏘 차가 한대서있고

14. 사람 셋이서 오드라고요 그래서 처음에도 차량 창문만 열고 내리려

15. 하는데 문을 열드라고 그기거 내리는대 어심없이 제 어깨를 잡고

16. 상대의 무릅으로 제 배를 두 번강타하 당하고 저는 그 자리에

17. 꼬꾸라 지고 있는대 발 꿈치로 제 어깨를 강타해서 그야말로

18. 고함한번 지르지 못하고 대굴 대굴 구르고 있었습니다

19. 그때 미자도 뚜디러 맞는지 고함을 지르고 욕을 하드군요

16 　진술서

20. 저도 일어나지 못하고 그 자리에 있을수 박에 없습니다

21. 그렇게 한바탕 소란을 피우고 나니 미자는 무쏘차로 대리 가고

22. 그때 까지 저는 꼼짝도 못하고 있었습니다

23. 제 전화라도 가저 갔으면 전화라도 할수 있었지만 전화기도

24. 큰 차에 나두고 갔습니다

25. 그렇게 20~30분 쯤 지나서야 저는 일어섰습니다

26. 하지만 너무 맞아 꼼짝도 못하고 운전석 차량에 엉금 엉금 기어가다

27. 싶히 해서 올라 안자 딸 눈물 범벅이 되어서 똑바로 눕 지도 못하고

28. 옆으로 기대어서 누워 있었습니다

29. 그러다 보니까 제 추측으로 9시는 조금 쯤 되었을 겁니다

30. 하늘에서는 비, 번개 그야말로 양동이로 붓듯이 퍼어붓고 번개는 칼로

31. 표현 못할 정도로 치길레 차에 있었습니다

32. 그당시에 제가 신고만 했드라도 제가 이렇게 도망자 신세도 안되고

33. 제 가정도 파탄이 안 낫쓸 텐대 신고 못한게 제가 되었습니다

34. 그기서 근 11시 반쯤 넘어쓸까 모르겠습니다

35. 11시에는 정확한 시간을 보았는대 그뒤시간은 정확하게 못보고

36. 왔읍니다 그 제책감으로 지금까지 자수도 못하고 있는 증입니다

37. 10년 친구를 찾았쓰야 하는대 못 찾은게 제가 되었읍니다

38. 그당시 한편으로는 열도 받고 내가 외 이렇게 살아야 하는

39. 스글픈 마음으로 미자는 찾지도 못하고 왔습니다

40. 그래 와서 나전 삼거리 차 세워놓았든 곳에 차를 세워놓고

41. 저는 저대로 왔습니다 나중에 와서 차를 몰고가겠지 생각하고

42. 차키를 꽂아 놓은채 왔습니다

43. 걱정이 되어 밤새도록 잠도못자고 아침에 일하러 나가서

44. 먼저 그곳부터 가보았습니다 그런대 차가 없어야 하는대

45. 차가 그대로 있길래 솔찍히 말해서 하루 점도록 어떻게

46. 일을 했을지 모르고 하루를 보냈습니다

47. 일 마치고 그곳에 가니 차가 있어서 앞전에

48. 진술한 바와 같았습니다

49. 그현장에 제가 먼저 가보자 했는지 그것은 모르겠습니다

50. 미자가 그곳에 가면 차가 있다고 했습니다

51. 그래 가게 되었습니다 세사람 중의 한사람 이름이 식아

52. 가자 하는 소리는 분명히 들었습니다

53. 지금 제가 이렇게 하면 저보고 또 머리 굴린다고 하시겠죠

54. 시체없는 살인도 받아준다면 제가 죽였다고 시인하겠습니다

55. 이제는 변명도 해명도 하기싫고 조용히 형 받고 살고 싶습니다

56. 저도 이제는 하루하루가 지칩니다

57. 아래 두 번째 반장님께 조서받는날 진실되게 이야기를 할려고

58 마음을 먹었는대 반장님께서 워낙 욕을하면서 강하게 나오는

59. 바람에 사실대로 못하고 검사님께 가서 사실대로 이야기 하고

60. 사형이라도 받고 싶었던 심정입니다

61.

진술조서

62.

63. 2008년 12월 13일

64.

성 장 한

사건에 관한 한 우리 모두는 진실을 알고 싶어 한다. 그 진실을 파헤치는 작업이 바로 수사다.

수사관 Y 역시 다른 수사관들처럼 앞에 놓인 두 편의 진술서를 보자마자 그 기재 내용이 사실인지 아닌지의 여부가 궁금했다.

또 너무나 당연한 것이지만 이 사건과 관련하여 실제로 무슨 일이 일어났는지를 속 시원히 알고 싶었다. 사건의 개요를 파악하면 파악할수록 더 많은 의문이 일어났다. 누가, 언제, 어디서, 무엇을, 어떻게 했는지에 대하여 곧장 진술인을 불러서 당장에라도 확인하고 싶은 심정이었다.

사실, 진술서 1은 누가 보더라도, 또한 주의 깊게 살피지 않더라도 뭔가 석연치 않은 느낌을 강하게 받을 수밖에 없도록 기술되어 있었고, 그래서 진술서 1을 받은 후 연이어 진술서 2를 받는 과정이 필요했던 것이다.

이처럼 수사관 Y를 포함한 대부분의 수사관들은 '바깥 현실에서 무슨 일이 있어났는지(what happened in the outside reality)', 즉 진술 내용이 실제 현실에 부합하는지의 여부를 최우선적으로 해결해야 할 과제로 생각한다.

그래서 일차적으로 다음과 같은 사항에 대하여 의문을 갖는다.

- 진술인이 진술한 인물이 현실에 부합하는지
- 진술인이 진술한 일시, 장소가 현실에 부합하는지
- 진술인이 진술한 행적이나 동선이 현실에 부합하는지
- 진술인이 진술한 주된 내용이 현실에 부합하는지
- 진술인이 진술한 부차적 내용이 현실에 부합하는지

그렇지만 이와 같은 일반적인 사고 과정과 달리 진술분석에서는 오로지 해당 '진술 내에서 무슨 일이 일어났는지(what happend inside the statement)'만을 중시한다.

그러므로 진술인이 사건을 묘사하는 데 사용한 단어 및 어휘들이 구체적으로 무엇을 의미하는 것인지에 초점을 둔다.

- 진술인이 첫 문장을 선택한 의미는 무엇이며, 첫 문장에서 제시한 시점이나 장소가 의미하는 바는 무엇인지
- 진술인이 사용한 단어 혹은 어휘의 변화가 우연한 것인지, 아니면 그럴 만한 다른 이유가 존재하는 것인지의 여부
- 진술인이 적시한 사람들과의 관계(relation)가 여하한지
- 진술인이 의도적으로 회피하고 있는 시간이나 장소, 사람이 있는지 의 여부

- 진술인이 말하고 싶지만 말할 수 없는 정보, 즉 민감한 정보 또는 숨겨진 정보가 있는지의 여부
- 위의 정보가 있다면, 어느 시점이나 지점에 있는지
- 진술인이 명백하게 드러내어 진술하고 있는데도 읽는 사람에게는 잘 보이지 않는 정보가 있는지의 여부
- 진술인만의 독특한 묘사가 진술인의 특성에 기인한 것인지, 아니면 현실의 반영인지의 여부
- 진술인이 진술한 내용이 실제 경험한 기억에 의한 진술인지 아닌지의 여부
- 그리하여 진술인이 진술한 내용이 어디까지 사실(fact)인지의 여부
- 진술인에 의해 작성된 진술의 전체적인 구조가 의미하는 바는 무엇인지

이러한 점들을 검토한 연후에야 비로소 진술서 밖의 현실 세계를 다루는 단계로 옮겨갈 수 있는 것이다.

사건 현장으로 바로 뛰어들어 가는 것도 좋고, 진술인을 곧장 불러 확인하는 것도 좋겠지만 그보다는 정확하고 효율적인 수사와 조사를 위해서 잠깐이라도 멈춰 서서 진정으로 진술서가 말하고 있는 것을 면밀하게 따져 보는 것도 그리 나쁘지 않을 것이다.

첫발을 내디딘 수사관 Y는 사실, 진술분석에 대해 들어 보기는

하였지만, 그것의 대상 범위가 어디까지인지, 누가 한다는 것인지, 어떻게 한다는 것인지, 실제 수사나 재판과정에서 그것이 무슨 실익이 있는 것인지 등 구체적인 내용에 대해 아는 것이 많지 않았다.

다만 그는 우리나라에 진술분석을 도입한 장본인이자 실제 분석에 능통한 J검사의 존재를 알고 있었다.

또한 그 J검사가 진술분석에 관한 지식과 경험들을 종합하여 비교적 최근에 전문서를 출간했다는 말을 얼핏 들은 바 있었다. 만약 그로부터 진술분석에 관한 모든 내용 및 기법을 직접 전수받을 수 있다면 그보다 더 좋은 일은 없을 것이란 생각이 들었다. 하지만 현실적으로는 쉽지 않은 일이라 생각하며 수사관 Y는 일단 서점에 들렀다.

우선 진술분석이란 무엇이며, 자신이 가지고 있는 두 편의 진술서가 그 분석 대상이 되는 것인지, 진술분석이 그동안 어떠한 과정을 거쳐 발전해 왔는지 등에 대한 개괄적인 내용이라도 파악하기 위해서였다.

수사관 Y는 국내의 경우, 이 분야에서 최초의 저서이자 현재로서는 유일한 저서인 J검사의 신간을 집어 들었다.

1. 진술분석의 개념

진술분석은 문자 그대로 진술을 분석하는 것이다. 일반적으로 진술이란 누군가에게 일어난 상황에 대하여 자세하게 알리거나 보고하는 것을 말하는데, 법정이나 수사기관에서 행해지는 진술 역시 사건이나 상황에 대하여 알리거나 보고하는 것으로서 구두나 서면의 형태를 갖는 것이 보통이다. 이러한 구두 또는 서면의 진술을 과학적이고 체계적으로 분석하여 수사나 재판에 활용하기 위한 기법을 진술분석이라고 한다.

구체적으로 진술분석은 해당 진술인이 무엇을 말하고 있는지를 정확히 판단하기 위해 그 사람이 사용한 어휘들을 검토하는 방법이나 절차라고 할 수 있다. 이때 해당 진술 내에 의도적으로 드러내지 아니한 정보가 있는지, 반대로 불필요한 추가적 정보가 있는지 등을 살피는 것이 중요한 과제가 된다. 나아가 해당 진술인이 진실을 말하는지, 거짓을 말하는지의 여부를 판단하는 것이 궁극적인 목표다…….

2. 진술분석의 대상

진술분석의 대상이 되는 진술은 구두진술(oral statement)이나 서면진술(written statement)이다. 구두진술은 진술인이 말로 한 진술로서 진술한 것을 그대로 녹음 또는 녹화한 것, 또는 말하는 것을 제3자가 그대로 받아 적는 것을 포함하고, 서면진술은 진술인이 스스로 글로 작성한 진술을 말한다. 그러므로 구두진술과 서면진술 간의 구분은 문건의 최종적 형태에 따른 것이라기보다는 진술인이 말로 한 것을 그대로 받아

적은 것인지, 아니면 진술인이 스스로 글로 쓴 것인지의 구분에 따른 것이다. 그런 의미에서 서면진술에는 자필로 작성한 진술서가 주로 해당된다.

서면진술은 단지 서면 형태로 적힌 구두진술이 아닌 까닭에 작성자의 의식적인 숙고의 과정이 보다 명확하게 드러나는 형식이라고 할 수 있다. 또한 구두진술이 상호작용에 의해 끊임없이 변화하는 역동적 형식임에 비해 서면진술은 정적이며, 읽는 이의 이해를 구하고자 특정한 절차와 명확한 구조를 필요로 한다. 서면진술과 구두진술은 그 형식의 성격상 사용된 문법이나 어휘의 차원에서도 상이한 모습을 드러낸다. 형식과 내용의 복잡함은 작성자의 교육 배경 등 몇 가지 요인에 의해 상이하게 나타난다. 문장의 길이에 있어서도 구두진술에 비해 서면진술의 문장이 긴 것이 보통이다. 아울러 서면진술은 구두진술보다 단어의 반복이 훨씬 적고, 구두진술보다 서면진술에서 정보를 명확히 할 필요성이 존재한다.[1]

그러므로 서면진술, 특히 자필 진술서가 진술분석의 일차적인 자료로서 가장 적합하다. 그렇지만 진술인이 너무 어리거나 글을 몰라 스스로 글로 쓰기 곤란하거나 어려운 사정이 있을 경우에는, 수사관이 대신 말한 것을 그대로 받아 적는 구두진술의 과정을 밟게 되는데, 이때 수사관은 가급적 진술인으로 하여금 마치 글로 쓸 때의 속도와 느낌으로 말하도록 하고 말한 그대로 토씨 하나 틀리지 않게 적는 것이 좋다고 할 수 있다.

---

[1] Susan H. Adams and John P. (2006). Jarus, *Indicators of veracity and deception: an analysis of written statements made to police.*

한편 수사나 재판과정에서 작성되는 조서는 조서 작성자가 진술인의 말을 기재한 서면이긴 하지만, 진술인이 하는 말을 토씨 하나 틀리지 않고 그대로 받아 적는 것이라기보다는 진술 내용을 정리하는 측면이 강하다. 이러한 조서에는 진술을 정리하는 과정에서 조서 작성자의 주관이 개입할 여지가 많고, 진술인이나 조서 작성자 간에 문답을 주고받는 상호작용의 영향으로 진술 내용이나 사용하는 어휘 등에 영향을 미치는 정도가 적지 않기에 진술분석의 일차 자료로 삼기에는 어려움이 없지 않다…….

"우리가 받은 진술서는 자필 진술서이니 진술분석에 가장 좋은 일차 자료임에 틀림없고, 그렇다면 사건을 해결할 열쇠로서 진술분석의 방법을 적용하기로 한 것은 일단은 제대로 된 선택이라고 할 수 있군.

또한 J검사는 수사나 재판과정에서의 진술은 형사재판에 있어 자백이나 부인, 또는 증언의 내용을 이루는 것으로서 사실인정의 핵심을 이루는 요소라고 말하고 있어. 그렇다면 실체적 진실의 발견을 위해서는 이에 대한 과학적이고 체계적인 분석을 바탕으로 해당 진술의 신빙성과 진정한 의미를 파헤치는 작업이 필수적일 수밖에 없겠군……."

책장을 넘기는 한편, 수사관 Y의 생각은 꼬리를 물고 이어졌고, 궁금증은 점점 증폭되었다. 진술분석 개론서는 이어서 다음과 같은 내용을 담고 있었다.

3. 진술분석의 발전

진술분석의 본격적인 시작은 20세기 초로 거슬러 올라간다. 즉, 그 시작은 재판과정에서 아동 피해자의 증언의 신빙성이 쟁점이 되자 독일 법원이 심리학자인 Stern을 전문가 증인(expert witness)으로 소환하여 아동 진술의 진실성에 대하여 증언을 듣게 된 일로부터 비롯되었다. 이후 1930년대에 접어들어 심리학에 관심을 가진 법관들이 실무경험을 중심으로 증인 진술을 분석하기 시작하면서 진술심리학의 이론은 한 단계 높은 수준에 이르게 되었다. 이어 1955년, 독일 대법원이 모든 성범죄사건의 진실성을 판단하기 위해 심리적 면담과 평가도구를 사용하도록 하는 법률을 제정하는 데까지 발전하였고, 이러한 과정에서 독일의 심리학자 Undeutsch는 진술현실성 평가(Statement Reality Analysis: SRA)를 개발하였다. 이후 Steller와 Köhnken은 초기 SRA의 내용범주를 새롭게 조직화하여 19개의 준거기반내용을 중심으로 한 SVA라는 통합된 절차를 발전시켰다. 현재 독일, 스웨덴, 네덜란드 등 유럽에서 진술분석은 하나의 독립된 증거로까지 활용되고 있다. 그런데 이것은 구두 진술을 분석 대상으로 삼는다는 데 특징이 있고, 진술의 신빙성을 평가하는 데 중점을 둔다. 이와는 달리 미국에서의 진술분석은 1980년대에

들어와 Sapir의 과학적 내용분석(Scientific Content Analysis, 1987)
이 나오면서부터 본격화되기 시작하였다. 특히 1990년대에 Rudacill의
언어행동 분석(Verbal Behaviral Analysis, 1994), Rabon의 수사문장
분석(Investigative Discourse Analysis, 1996), Kaster의 진술분석
(Statement Analysis, 1999) 등이 잇달아 나오면서 발전을 거듭하고
있다. 미국에서는 유럽과 달리 수사 단계에서의 진술분석이 주류적 경
향을 이루고 있으며, 특히 서면진술이 주된 관심 영역으로 발전해 온 데
특색이 있다.

"나는 왜 이런 것을 여태까지 몰랐지? 또 외국의 경우가 이렇다
면, 우리나라의 진술분석은 어느 단계까지 와 있을까?"

수사관 Y는 일선 수사관 생활을 적지 않게 했고, 진술분석에 대
해 들어 보았음에도 불구하고 그 구체적인 내용을 뒤늦게 접하게
된 상황에 대해 약간은 부끄러움도 느꼈다. 그러나 한편으로는 이제
야 제대로 만났구나 하는 반가운 마음도 없지 않았다.

그래서 책에 나오지 않은 보다 생생한 사례가 있는지를 확인하고
싶어 J검사에게 직접 전화를 걸기로 했다. 그것은 물론 약간의 용기
를 필요로 하는 일이었다.

그러나 전화기를 통해 간단한 인사를 나눈 후 J검사는 비록 얼굴은 보이지 않았지만 중후하고 힘 있는 목소리로 "우리나라는 수사기관에 진술분석관을 둔 세계에서 몇 안 되는 국가입니다. 수사 단계에서 재판 단계까지 필요한 진술분석을 해 주는 전문가가 있지요. 하지만 진술분석은 이제 겨우 시작 단계라고 할 수 있습니다. 발전 가능성이 무궁무진해요. 진술분석은 수사나 재판에서 이루어진 진술뿐만 아니라 정치적 연설이나 사회적 논평, 심지어 언론 기자회견 등에서 행해지는 발언이나 글쓰기에도 적용이 가능합니다."라며 친절한 설명을 시작했다.

제1장
진술의 심리학

말을 못하게 하면 죽을 수도 있다. 비밀이 크면 클수록 더욱 말하고 싶어진다. 그러나 말할 수 없는 사정이 있다. 그러므로 진술은 흔들린다.

전화를 통한 대화에 고무된 수사관 Y는 이제 본격적으로 진술분석을 배우고자 J검사를 찾아 나섰다. J검사의 첫마디는 "정말 배우고 싶습니까?"였다.

"진술분석은 인간의 내면을 들여다보는 수정구(magic ball)입니다. 오묘하다 못해 전율을 느끼게 하지요. 그래서 한번 빠져들면 쉽사리 빠져나올 수 없는 매력이 있습니다. 이건 제가 경험한 바지요."

말끝에 머금어지는 J검사의 미소를 보자 수사관 Y는 정말 그 신비의 영역으로 들어가고 싶어졌다.

"정말 원한다면 한번 시작해 봅시다." J검사의 야간 진술분석 강의는 그렇게 해서 시작되었다. 그리고 수사관 Y는 타고난 꼼꼼한 성격을 발휘하여 일대일 강의의 내용을 가능한 한 빠짐없이 받아적기로 했다.

"흔히 인간은 사회적 동물이라고 합니다. 그런데 사회생활을 하려면 말을 할 수밖에 없지요. 또 말을 하는 데서 오는 즐거움도 적지 않고요. 스님들이 하는 묵언(默言) 수행이 그래서 어려운 거랍니다. 사람은 말을 못하게 하면 안달이 납니다.

그건 기본적으로 불편하다는 점뿐만 아니라, 말로 표현하지 않으면 누구도 내 심정을 제대로 이해해 주지 않기 때문이겠지요. 억울한 일을 당했는데 아무한테도 말할 수 없다고 생각해 보세요. 정말 미칠 지경일 겁니다.

그런데 여기서 말을 못하는 상황이 나 혹은 누군가의 비밀과 관련된 것일 때는 또 다른 차원의 고통을 경험하게 됩니다. 비밀은 금지와 한 몸이기 때문에 비밀인 것이고, 그 비밀이 크면 클수록 말하고 싶은 강도도 그만큼 커진다는 점은 누구나 쉽게 짐작할 수 있지요.

우리가 잘 아는 '임금님 귀는 당나귀 귀' 우화는 바로 이 점을 말해 줍니다. 다른 사람도 아닌 임금님의 비밀을 알게 된 사람의 이야기니까요. 더군다나 절대로 말하면 안 된다는 절대적 금지의 상황에 처해 있지요.

그러니까 극단적인 표현을 쓰자면, 말을 못하게 하면 결국에는 죽을 수도 있습니다. 그렇다면 이제 우리의 관심사로서, 그 비밀이 은밀한 범죄행각, 특히 살인과 같이 중대한 범죄일 경우를 생각해 봅시다.

어떻게든 감추고자 하는 마음 이면에는, 아이러니컬하게도 밝혀지면 끝장이라는 것을 알면서도 어떻게든 알리고 싶은 욕망이 있다는 것을 사람들은 생각해 보았을까요?

물론 이 욕망은 범인이 스스로 의식하고 있을 수도, 아닐 수도 있습니다만. 그래서 진술분석기법의 하나인 SCAN(Scientific Content Analysis)의 창시자인 Mr. Avinoam Sapir는 "모든 사람은 모든 사람에게 모든 정보를 주고 싶어 한다(Everyone wants to give every information to everyone.)."라고 말하고 있지요.

그렇다고 하더라도 모든 것을 털어놓을 수는 없기에 진술은 흔들리게 마련인 것입니다. 이것이 진술자가 진범일 경우, 진술에 내재하는 구조적 비밀이지요. 진술분석을 하는 사람이 기본적으로 알아야 할 것이 바로 이 메커니즘입니다."

수사관 Y는 J검사의 저서에서 진술의 심리학적 토대라고도 할 수 있는 이러한 내용에 대해 읽었던 것을 떠올려 가며 조용히 J검사의 말을 경청했다.

1. 모든 사람은 모든 사람에게 모든 정보를 주고 싶어 한다

J검사는 거기에서 다음과 같이 서술하고 있었다.

인간은 말하기를 원한다.

…… '모든 사람은 모든 사람에게 모든 정보를 주고 싶어 한다.'
과연 Sapir의 이 서술은 참일까? 적어도 수사상 행해지는 진술에서는 답은 '그렇다' 이다. 물론 우리는 범죄를 저지른 용의자가 수사 과정에서 자신의 범죄를 순순히 털어놓지 않는다는 것을 익히 알고 있기 때문에 이러한 단언의 사실 여부를 의심할 수 있다. 그러나 이 서술에서 적시된, 우리가 눈여겨봐야 할 단어는 '원한다(want)' 이다. 즉, 진범인 진술인은 당연히 자신이 처한 사정으로 인해 모든 정보를 실제로 주는 것이 아니다. 해당 사건과 관련하여 그/그녀는 어느 정도까지는 진실한 정보를 제공하고, 어느 부분에서는 거짓말을 하거나 생략한다. 그럼에도 불구하고 '원한다' 에는 무의식의 차원이 있는 까닭에 진술서를 면밀히 분석해 보면 놀랍게도 결과적으로는 모든 정보를 주고 있다는 점이 확인된다…….

이는 그 자체로는 알 듯 모를 듯해서 수사관 Y를 당황하게 했던 내용이었다. 그는 경남 삼랑진 사건의 진술서 1에서 가장 마음에 걸렸던 부분을 이러한 인식의 견지에서 다시 들여다보고자 했었다.

…… 그래서 일요일날 일 마치고 저녁 일곱시나 되어서 경남 김해시 생림면 신어산 올라가는 입구 가든에서 동생들이랑 술먹고 있다가 저 자신도 모르게 겁도나고 그 차에 드러간 게 죄가 되어서 저녁 7~8시 사이에 그 술자리를 빠져 나와서 이미자씨가 있는 차로 가보니 역시 키가 꼽힌채로 그 자리에 있어서……

즉, 진술인은 만나기로 약속한 이미자를 못 만났다고 하면서 이미자의 차가 사람이 없는 채로 세워져 있었다는 정황을 누누이 설명한 후, 갑자기 이 대목에서 '이미자씨의 차'가 아닌 '이미자씨가 있는 차'로 갔다는 진술을 해 버리고 만다.

이것이 바로 모든 정보를 제공하고 싶은 진술인의 내재된 욕망이 무심결에 드러난 순간은 아니었을까?

J검사의 말은 계속되었다.

"이러한 전제를 토대로 우리는 일단 진술인을 진실하다고 가정하고, 그 진술을 신뢰하는 것이 좋습니다.

만약 진술인이 제시한 이야기(story)를 수사관 스스로가 싫어하거나 미심쩍다고 여겨 해당 진술이 거짓인 것으로 처음부터 단정해 이를 부정해 버린다면, 불행이지요. 이런 경우엔 수사관 스스로가 수사의 장애물이 되어 버립니다.

수사관이 그 이야기의 내면으로 들어갈 수도 없거니와, 그 내면을 통해 찾아낼 수 있는 해당 진술인만의 언어를 분석하는 것은 요원한 일이 되어 버릴 가능성이 크기 때문입니다.

우리의 수사 경험상 누구도 100% 거짓을 말하거나 100% 진실을 말한다고 할 수 없어요. 압도적 다수, 즉 90% 이상의 대부분의 사람들은 대체로 진실한 진술을 하되, 단지 모든 내용을 진술하지는 않을 뿐이라는 점을 우리는 생각해야 합니다.

　그러므로 대부분의 사건에 있어서 수사관은 상대방의 진술에서 '거짓말을 찾아낸다'고 하기보다는, 단지 '말하지 않는 것을 찾는다'고 보면 맞을 겁니다. 이런 점에서 최종적인 자백이 첫 진술과 모순되지 않는 경우가 많다는 것은 흥미로운 점입니다.

　즉, 자백은 단지 첫 진술에 추가되는 내용으로서의 의미를 갖고 있는 경우가 많아요. 피의자는 단지 '내가 그랬다'고 말할 것을 '잊었을' 뿐이라고나 할까요?"

　"예컨대, 진술인이 '나는 돈을 세고, 가방을 카운터에 놓고, 집에 갔다.'고 했다면, 우리는 진술인이 결코 가방에 돈을 넣었다고는 말하지 않은 점에 주목해야 합니다.

　즉, 진술인은 그가 진술한 대로 돈을 셌지만, 그다음 그 돈을 집어들고 집으로 갔을 수 있으며, 나중에 카운터에서 빈 가방만이 발견된 것이라는 정황을 추측해 볼 수 있겠지요.

마찬가지로 진술인이 '나는 거실에 있었습니다. 총소리를 들었습니다. 무슨 일이 일어났는지 알아보려고 갔고, 그 사람이 죽은 것을 발견하였습니다.'라고 했다면 우리는 진술인이 피해자를 쏘았고, 그렇기 때문에 총소리를 들을 수 있었다는 것을 충분히 고려해 볼 수 있습니다.

그렇다면 일부 거짓과 은폐를 내장하고 있는 이 진술은 총을 쏜 후, 피해자가 정말로 죽었는지 확인하기 위해 갔고, 피해자는 진짜 죽었더라는 그 말이지요."

"다음 진술서에서 생략된 정보는 무엇일까요? 한번 생각해 봅시다. 여기서 진술인은 자기 딸을 청산가리로 독살한 혐의를 받고 있는 엄마이고, 사건 장소는 수영장입니다. 이 엄마와 아이는 집에서 함께 출발했고, 수영장 안 풀 앞에서 헤어진 직후 아이가 죽은 사건입니다."

…… 9시 30분에 아침식사를 하고 10시 30분경에 집을 나섰다. 20분 정도를 걸어서 수영장에 도착. 11시쯤에 풀장 안에서 노는 것을 확인하고 카운터 앞에서 젖은 양말을 벗고 있는데 우리 가인이를 안고 안전요원이 왔고……

수사관 Y는 이 진술에서 별로 특이한 사항을 찾아내지 못했다. 그가 보기에는 그저 평범한 사실들만이 나열되어 있을 뿐이었다. J검사는 이 짧은 진술에 대하여 이렇게 설명했다.

"이 진술서에서 진술인이 아침식사를 하고, 집을 나섰고, 수영장에 도착했고, 풀장 안에서 노는 것을 확인한 것은 모두 사실일 겁니다. 그런데 가만히 들여다보면 시간을 세세히 기록하고 있음에도 불구하고 정작 수영장에 도착한 시각이 빠져 있다는 걸 깨닫게 됩니다." 그러고 보니 과연 그랬다.

"그것이 바로 이른바 '없어진 정보(missing information)' 입니다. 10시 30분경에 집을 나섰고, 20분 정도 후에 도착했다고 쓰여 있으니 진술서를 읽는 사람은 진술인이 10시 50분경에 도착했을 것이라고 자연스레 추정하고 넘어 가겠지만, 진술분석에서는 바로 이런 시간적 정보가 없어진 것을 짚어 내고, 진술인이 그것을 의도적으로 드러내지 않고 있는 것은 아닌가 하는 점을 따져 봐야 합니다.

또 설령 10시 50분경에 도착하였더라도 곧이어 '11시쯤' 이라는 시간 표현이 나오니 거기서 대략 10분의 시간적 간극이 생기는 거지요. 그 10분 사이에 청산가리가 든 뭔가를 딸에게 건네주었다고 볼 수도 있으므로 바로 그러한 민감한 정보가 생략되거나 숨어 있을 만한 대목이라는 겁니다. 잠깐 쉬었다 할까요?"

수사관 Y는 쉬는 동안 경남 삼랑진 사건에 대한 두 편의 진술서를 다시 한 번 읽어보았다. 이 사건에 관한 한, 수사관 Y의 내면을 줄곧 지배하고 있는 의문은 기본적으로 두 가지라고 할 수 있었다.

즉, 만약 진술인이 이미자의 죽음과 관계가 있다면, 그 죽음의 시점은 언제인지, 그리고 사체는 언제, 어떻게 처리되었는지의 문제였다. 물론 처음 진술서를 접했을 때보다는 조금 더 보이는 것 같은 느낌이 들었다.

그러나 여전히 진술의 문면만으로는 사건 해결에 결정적인 부분을 지적하기가 쉽지 않았다.

2. 거짓말하기는 쉽지 않다

J검사는 다시 강의를 시작했다.

"거짓말은 보통 은폐(concealment)와 조작(falsification)으로 이루어져 있습니다.

그래서 법정에서 증인의 자격으로 선서할 때도 숨김과 보탬이 없이 사실대로 말한다고 합니다. 그렇지만 의외로 거짓말을 잘하는 것은 결코 쉽다고 할 수 없지요.

적극적으로 꾸며 내는 조작보다는 일반적으로 생략하거나 숨기는 은폐를 통해 거짓말을 하기가 쉽다고들 합니다.

그렇다고 하더라도 우리가 어떤 조그만 정보 (X)를 숨기고자 할 때, 단순히 그 (X)만을 숨길 수는 없어요. 우리는 또한 (X)와 연결되어 있는 (A), (B), (C) 등도 숨겨야 하는 상황에 필연적으로 직면하게 되지요.

(A), (B), (C) 등을 적절하게 숨기지 못하면, 읽는 사람은 논리적으로 (X)가 존재한다고 결론을 내립니다. 그리고 다른 정보의 조각들로부터 보다 구체적인 (X)의 실체를 밝혀내고자 시도하게 되고, 운이 좋으면 머지않아 밝혀내는 데 성공하게 되지요.

이런 식으로 우리는 더 나아가서 (A), (B), (C) 등과 연결되어 있는 (A₁), (B₁), (C₁) 등도 숨겨야 하는 처지가 되고 맙니다. 결국 많은 것을 거리낌 없이 말하는 자유를 누리지 못하게 되는 것이지요."

"수사관 Y께서 들고 온 진술서에서도 그런 예가 발견되더군요. 진술인이 이미자와의 만남을 숨기고자 의도하고 있는 진술 내에서 처음에는 전혀 등장하지 아니하던 인물이 갑자기 어디선가 나타나 말을 걸고 있는 것이 보이지 않습니까?"

…… 그때 잠시 저의 덤프 트럭에 박힌 돌을 빼내고 제차를 세워 놓고 이 미자 차를 타고 생림 쪽으로 가서 생림 농협에 돈을 찾았습 니다. 돈을 을마나 뺏는지는 모른다. 생림 다리를 지나서 장진읍 내로 드러가서 읍내에서 밀양 쪽으로 가서 밀양시내가서 <u>밥먹고 가 자고</u> 하는 걸 어두워 지면 차 못보니까 <u>그냥가자고</u> 하고 갔읍니다.

"진술인은 이미자를 만나지 못한 것을 전제로 진술을 시작했기 때문에 이미자의 차에 누가 타고 누가 운전했는지는 여전히 적을 수 없었습니다만, 그러면서도 누군가가 '밀양 시내 가서 밥먹고 가 자'고 하고 누군가는 그에게 '그냥 가자'고 하고 있다고 묘사함으 로써 결국 그 차 안에 최소한 진술인과 이미자로 추정되는 다른 사 람이 있었다는 것을 드러내고 말았습니다."

"다음으로 우리가 실제로 경험하지 아니한 것이라도 기억하거나 상상해 낼 수 있다는 점을 생각해 볼 수 있습니다. 조작이 가능하다 는 말입니다. 진술인의 진술은 책에서 읽었거나, 신문이나 텔레비전을 통해 보았거나, 아니면 다른 누군가에게서 들은 이야기일 수도 있다는 것이지요.

　가장 흔하게 일어나는 일 중의 하나가 진술인 자신이 이전에 경험한 내용을 가져와 사건 당시 경험한 것으로 덮어 쓰기를 해서 알리바이를 만드는 것이라고 할 수 있습니다.

　그럴 경우, 진술하고자 하는 당시의 장면으로 돌아가 실제로 경험한 일을 기억하여 진술하는 것과 달리 진술인은 의식적으로 기억의 커서를 다른 장면의 것으로 대체하는 노력을 해야만 하고, 그러는 과정에서 자기도 모르게 동사의 시제가 '과거형'에서 '현재형'으로 바뀌거나, 동사의 어미가 바뀌는 경우가 나타납니다.

　진술서 2의 13행 이하가 바로 그런 예에 해당하겠지요."

　　…… 둘이서 차를 타고 갔읍니다. 그기가니까 어둠이 살짝 깔렸읍니다. 여덜시 못됐읍니다. 방천 뚝으로 약 1km 정도 가니까 방천 뚝 위가 무척 넓드라고요. 그기가니까 검정색 무쏘 차가 한대서 있고 사람 셋이서 오드라고요……

수사관 Y가 진술서를 다시 보니, 정말 동사의 시제가 과거형이 아닌 현재형으로, 동사의 어미는 '라고요'로 바뀌어 있었다. 이처럼 시제가 현재형으로 변화하는 것은 그것이 과거의 경험을 기억하여 진술하는 것이 아니라, 진술 당시의 시점에서 머릿속으로 지어 내고 있는 장면임을 시사할 수 있습니다.

3. 진실한 진술은 현실을 반영한다

J검사는 설명을 이어 나갔다. "Sapir가 한 말 중 제가 가장 의미 있게 생각하는 구절은 바로 '진실한 진술은 현실을 반영한다(A truthful statement reflects reality)'고 하는 겁니다."

"예컨대, 진술인이 'I have a boyfriend who is Jewish(내게는 유대인 남자 친구가 있어요.).'라고 진술했을 때, 우리는 진술인이 왜 'my boyfriend'나 'a friend'가 아닌 'a boyfriend'라고 했는지, 왜 'A Jewish boyfriend'가 아닌 'a boyfriend who is Jewish'라고 했는지에 대하여도 따져 보아야 합니다.

이러한 현상에 대하여 Sapir는 단어 사이에 거리가 멀면 멀수록 현실에서의 거리도 멀어진다는 것을 의미한다고 설명합니다. 즉, 단어

'boyfriend'와 'Jewish'가 갖는 진술 내에서의 거리는 그 boyfriend와 그가 유대인이라는 현실의 거리를 반영한다는 것이지요.

또 진술 내에 등장하는 인물에 대한 호칭을 보면, 그 인물과 진술인의 관계를 알 수 있게 됩니다. 단어를 통해 현실의 관계가 드러나는 것이지요. 그러기에 예민한 진술분석관은 동일 인물을 지칭하는 단어의 미묘한 변화를 통해 진술인의 내면에서 일어난 진술인과 그 인물 간의 관계에 대한 모종의 심경 변화까지도 포착할 수 있게 됩니다.

예를 들어, 자기 자식에 대해 '우리 영식이' '내 아들 영식이'라고 표현하는 경우에 비해, 그저 '아이'라고만 지칭하는 경우는 부자 관계가 소원하거나 그리 친밀하지 못할 가능성을 고려할 수 있습니다.

또 자신의 부인을 표현할 때 처음에는 '처' '와이프' 또는 '집사람'이라고 하다가 갑자기 어느 대목에서 이름을 사용하는 것으로 호칭이 바뀐다면, 그 변화의 원인을 세심하게 따져 보아야 합니다. 두 사람의 관계가 그 시점에서 제3자로 인식할 만큼 극적인 변화가 일어났다는 것을 드러내고 있을 수 있기 때문이지요.

어떤 남자가 자기 아내를 공기총으로 얼굴을 쏴서, 그 아내가 현장에서 즉사한 사건이 있었습니다. 그 남자는 진술서에서 자기 아내를 일곱 번에 걸쳐 '와이프' 라는 호칭으로 부르고 있습니다. 그러다 총을 쏜 대목에 이르자 갑자기 아내의 호칭을 와이프가 아닌 이름으로 대신합니다.

> …… 저가 공기총을 소지를 한 후 총알을 넣고 한번 겨눠 보고 있는데 문밖에서 후다닥 하는 소리가 나서 몸을 돌리다가 갑자기 총알이 발사되어 버렸습니다. <u>수지</u>의 얼굴에서 피가 나기 시작했습니다.

이러한 변화는 자신이 가족을 해쳤다는 것을 토로하기 곤란한 심리적 부담에서 연유하는 것으로 해석됩니다. 즉, 늘 써 오던 '와이프' 라는 표현 대신에 제3자인 '수지' 라는 이름으로 호칭함으로써 아내의 존재를 가족관계에서 제거해 버린 것으로 볼 수 있지요."

"가족관계에서 제거하는 방법으로는 이와 같이 제3자도 사용할 수 있는 이름으로 호칭하는 것 외에 제3자적인 표현으로 호칭을 바꾸는 경우도 발견됩니다.

다음의 예에서는 자신의 아내와 아이의 사망 소식을 전해 들은 상황에서 그들을 그저 '사람' 이라고만 표현하고 있습니다. 문장 자체

진술분석

는 다른 사람의 말을 옮긴 형식으로 되어 있지만, 현 시점에 이르러서는 아내와 아이가 자신과 더 이상 가족관계가 아닌, 그저 제3자인 '사람'일 뿐이라는 진술인의 내면이 은연중에 드러난 것이지요."

…… 엘리베이터를 타고 올라가보니 장모님이 울고 계셨습니다. 사람이 죽었다는 것이었습니다. 방으로 현관을 지나 들어가려 하니 제지를 당했습니다……

"이와 비슷한 사례는 자기 자식을 유기해서 사망케 한, 다른 사건에서도 발견되고 있습니다. 진술인은 진술서에서 자신의 딸을 줄곧 '승현'이라고 호칭하다가 일정 시점 이후에는 그저 '아이'라고만 부르고 있는 것을 발견할 수 있습니다."

…… 세곡동에서 좀 오다가 승현이를 내려놓게 되었습니다. 무서운 곳에 잠시 내려놓으면 그칠까 싶어 잠시 내려놓고 저는 그 자리를 피해 앞 쪽으로 30분쯤 기다리다 내려놓은 장소로 가보니 아이가 없어졌습니다.…… 아이를 찾아보다가 새벽 시간쯤 내려놓은 장소에 기다려 보다가 차를 몰고 분당 쪽으로 뱅뱅 돌면서 어떻게 해야될 지 몰라 답답하기만 했고……

다음의 예는 속칭 '도우미'를 고용해 손님에게 서비스를 하다가 단속을 당한 노래방 주인이 작성한 진술서의 일부입니다. 여기서 진술인은 자신이 '도우미'를 부르지 않았다고 주장하고 있으면서도 손님에 대해서는 '분', 도우미에게는 '명'이라는 표현을 사용하고 있습니다.

> ······ 2006년 12월 29일 21시 조금 넘어서 남자 4분과 여자 2명과 함께 들어와서 노래방비 15,000원은 선불 받고 무알콜 3개와 음료 2개 먼저 주고 나중 무알콜 2개 추가비 15,000원 받고 3번 룸으로 들어가서 약 20분 정도 노는 도중······

이처럼 호칭 이외에 수를 헤아리는 불완전 명사 하나의 사용도 현실에서의 신분의 차이를 반영하는 경우가 있음을 알게 됩니다.

"진실한 진술은 현실을 반영한다는 명제는 어떤 사물이나 사건을 지칭할 때 추상적 단어를 사용하는가, 구체적 단어(예: 사람 대 '이미자', 총기 대 권총)를 사용하는가 라는 문제와도 연결됩니다.

다음 사례에서는 진술인이 무기고에 내려가 권총이 있는지 없는지 확인하였다고 진술하고 있지만, 정작 권총을 들고 확인해야 할 대목에서 단지 총기를 확인하였다고 말하고 있는 것을 볼 수 있습니다.

…… 무기고에 내려가서 <u>권총</u>에 탄창 있는지 없는지 여부를 확인하기 위해 내려갔다. 내려갈때는 사령부에 들려서 무기고 키를 가지고 와서 부대에서 내려갔고 전역자 <u>총기</u> 입고시키고 탄창있는지 없는지 여부를 확인하기 위해 이수형이랑 나랑 내려가 확인했다. 그때 수향이는 현황판도 고치고 있었고 나는 탄창안에든 <u>총기</u>에 탄창 있는지 없는지 확인해 봤다. 그리고 ……

정말로 진술인이 권총에 탄창이 들어 있는지를 확인했다면, 추상적이고 일반적인 '총기'가 아닌 구체적이고 유형적으로 만질 수 있는 총기, 즉 '권총'이라는 표현을 사용했을 것입니다. 그리고 그 권총을 만지는 장면에서 보다 구체적인 시각이나 촉각에 따른 세부적인 감각적 묘사가 이어졌겠지요.

그러므로 우리는 당해 진술인이 권총을 확인하였다고 한 대목이 사실인지, 그 여부를 의심하지 않을 수 없게 됩니다. 이 경우 추상적 단어의 사용은 사건 당일 경험한 기억에 의한 진술이 아닌, 머릿속으로 상상해서 만들어 낸 진술의 결과일 수도 있으니까요."

수사관 Y는 점차 진술분석의 묘미에 빠져들고 있는 자신을 느끼면서 가만히 고개를 끄덕거렸다.

4. 실제 기억에 의한 진술은 장면적 회상을 통해 전진하는 경향을 보인다

"누군가 우리에게 '어제 아침 일어났을 때부터 잠들기까지 있었던 일을 모두 이야기해 보라'고 요구한다면, 우리의 인지적 커서는 곧장 어제 아침에 잠자리에서 일어나던 순간으로 이동할 것입니다.

물론 처음에는 그 장면이 잘 기억나지 않을 수도 있지만, 조금만 더 인지적 노력을 기울인다면, 가령 휴대 전화에 입력해 둔 '알람'이 울리고, 자신이 이부자리에서 겨우 몸을 일으키던 장면 등이 떠오를 것입니다.

그리고 이후의 일련의 행동을 기억해 내게 되는데, 회사에 다니는 회사원이라면, 보통은 다음과 같은 순서가 되겠지요.

...... 아침에 일어나서
세수하고,
밥 먹고,
회사에 출근하고
회의를 하고,
동료들과 같이 점심을 먹고,

퇴근해서 친구와 술 한잔 하고,

집에 들어와 텔레비전을 보다가

잠을 잤다.……

　그러므로 진술을 요구받은 날짜에 특별한 일이나 사건이 없었을 경우, 아침에 일어나는 장면, 세수하는 장면, 밥 먹는 장면, 출근 준비하는 장면, 출근하는 장면, 회사 도착한 장면, 회사에서 회의를 하는 장면, 점심을 먹는 장면, 퇴근을 하는 장면, 친구를 만나 술 한잔 하는 장면, 집에 들어와 텔레비전을 보는 장면, 잠자리에 든 장면 등을 순차적으로 떠올리게 될 것입니다.

장면 1 → 장면 2 → 장면 3 → 장면 4

　그런데 여느 날과는 다른 특별히 인상적인 일이 있었던 경우에는 그 일을 중심으로 일상에서 변화를 보인 장면이 우선적으로 떠오르게 됩니다. 예컨대, 저녁 6시에 학창시절 친하게 지냈던 고교 동창생을 아주 오랜만에 우연히 만나 함께 저녁을 먹으며 많은 이야기를 나눈 것이 그날의 중요한 사건이 되는 경우에는 그 일화를 둘러싸고 진술을 전개하게 되는 것이지요.

　그런데 우리가 어떤 상황이나 장면에 대한 기억을 떠올리게 될 때면 우리의 주의나 시각은 해당 정보가 입력될 당시의 맥락(context)으로 돌아가게 됩니다. 우리의 눈은 전방을 향해 있기 때문에 실제 정보가 입력되는 과정에 있어 우리의 주의나 시각은 앞쪽을 향해 나가면서 시각적 정보를 인식하게 되고, 그래서 그 기억을 떠올리는 과정에서도 그렇게 인식한 장면을 다시 그대로 상기하게 되는 속성이 있기 때문에 우리의 인지적 포커스는 아침에 일어나 출근하거나 등교하는 데 맞춰지며, 등 뒤에 남겨진 집을 떠나는 행동 자체에는 일차적인 관심을 기울이지 않게 됩니다. 이런 것을 알기 쉽게 '기억의 전진법칙' 이라고 부르기로 하겠습니다.

✎ 기억의 전진법칙

기억의 전진법칙은 우리가 지각하고 경험한 것을 기억해 낼 때 우리의 인지적 커서가 지각 과정에서 입력되는 방식과 마찬가지로 전방으로 향해 진행하는 속성이 있다는 점을 강조하기 위한 설명적 개념이다. 문자 그대로 기억 자체가 전진한다는 의미가 아니다.

어떤 장면이나 상황에 대한 기억을 떠올리게 될 때면 우리의 주의나 시각은 해당 정보가 입력될 당시의 맥락으로 돌아가게 되는데, 실제 정보가 입력될 당시, 예컨대 사람의 눈이 전방에 있기 때문에 시선이 전방을 향하게 마련이고 이때 입력된 시각적 정보 역시 진행하는 방향으로 향하게 되므로 이런 장면을 사후에 다시 기억하는 과정에서도 동일한 방식으로 인출하게 된다.

그런데 이런 방식으로 지각된 경험으로부터 기억을 인출하지 않고 상상에 의해 진술하고자 할 때에는 상황이나 장면을 제3자 시점에서 묘사하게 되는데, 예를 들면 '나는 돼지갈비집을 나와서 포장마차로 갔다'는 식으로 진술을 하게 된다. 이 경우 직접 경험한 진술인은 '나는 2차로 포장마차로 갔다'는 식으로 진술하고, 그 출발지를 물을 때에만 '돼지갈비집에서 나왔다'고 답하는 것이 보통이다.

그러므로 진술분석에 있어서 이러한 기억의 전진법칙에 위배되는 진술이 있는지 관찰하는 것이 매우 중요하다.

그런 만큼 진술서에서 과거 장면에 대한 회상이 전진법칙을 따르지 않고 떠나온 장면으로 회귀하는 현상이 나타나면 주의를 해야 합니다. 특히 그러한 회상에서 장소를 떠나는 것(leaving the place)을 언급하는 동사로 '떠났다' '나왔다' 또는 '나섰다' 등의 어휘를 사용하고 있다면 더욱 그러합니다.

이런 표현은 70%의 진술에서 진술인이 바쁘거나 늦었을 때처럼 시간적 압박을 받았을 때 사용할 수도 있긴 하지만, 이런 것과 연결되지 않은 상황에서 나머지 30%의 사용은 그것이 매우 민감한 상황임을 말해 줍니다. 특히 첫 문장에서 이런 동사의 사용은 그 자체로 기만적인 진술이기 쉽지요."

…… 9시 30분에 아침식사를 하고 10시 30분경에 <u>집을 나섰다.</u> 20분 정도를 걸어서 수영장에 도착. 11시쯤에 풀장 안에서 노는 것

을 확인하고 카운터 앞에서 젖은 양말을 벗고 있는데 우리 가인이
를 안고 안전요원이 왔고……

　　…… 일요일 아침 나는 8시에 일어나 부엌으로 가서 우유를 한잔
마셨다. 부엌에서 나오고 나서 나는 거실로 갔다 …… ……
　　…… 쓰레기 봉지를 가지고 나왔습니다. 집사람이 따라 나오면
서, 복장은 목욕탕에서 나올때입은 옷(까운)을 입은채로 아기는 안
고서 현관에까지 따라 나왔습니다. 제가 출입문을 열고 나오면서
아기와(수영이) 집사람에게 뽀뽀를 해주고 나왔습니다. 문잠귀 하
면서 저는 시간이 늦어 급하게 엘리베이터를 타러가서 내려왔습
니다……

　　"또 한 가지, 진술분석에서 결코 잊어서는 안 될 개념이 바로 '암
초효과(reef effect)' 입니다. 진술인이 말하고 싶은데 말할 수 없는 사
건이나 상황이 있고, 거짓말하기가 쉽지 않다는 점에서 말할 수 없
는 그 특별한 사건이나 상황은 바로 암초처럼 작용하게 됩니다.

　　이러한 현상은 마치 물이 흘러가다가 앞에 바위가 있으면 그것을
에둘러 가려고 하는 것과 같지요. 진술의 어느 지점에서부터 늘어지
기 시작하다가 눈에 띄게 동어가 반복되고, 머뭇거리는 것이 발견되
면 바로 그 대목이 암초효과가 작용하고 있는 구간이 되는 것이지요.

그런 조짐이 보이면 경고등을 켜고 다음 장면을 지켜보아야 합니다. 곧이어 말실수나 중언부언하는 현상이 나타나면, 기억이나 경험에 의한 진술이 아니라 상상에 의해서 지어낸 이야기가 숨어 있을 만한 대목이라는 의심을 하기에 충분하게 되지요."

5. 진술서는 누군가가 볼 것을 전제로 쓰인 것으로서 기본적으로 대화의 의사소통 구조를 띤다

"진술서에서도 대화의 원칙이 작용합니다. 우리는 누군가와 대화할 때, 상대방이 말한 문자 그대로의 의미 외에도 그 속에 함축된 의미를 파악하게 됩니다.

예를 들어, 'John이 부엌에 있거나 작업실에 있다.' 라는 말을 들었을 때 청자는 화자가 문자상으로는 말하지 않은 사실, 즉 John이 어디에 있는지 잘 모르겠다는 의미까지를 받아들이게 된다는 것이지요. 실제로 상대방이 말한 말들의 의미를 넘어서 서로 추론을 하는 과정에서 소통이 이루어지는데, 이때 작용하는 것이 바로 관습적 함의(conventional implication)라고 할 수 있습니다.

즉, 누군가 말을 할 때 화자의 발화(發話)에는 어떤 의도가 있을 것이라고 동일한 언어관습 내에 있는 참여자들이 예측할 것입니다. 개개의 발화는 청자에 의해 우선적으로 문자 그대로 파악되지만, 실은 문자적인 의미 이상의 것에 의해 둘러싸여 있고 동기부여 된다고 할 수 있지요.

그런데 때로는 진술인이 진술서를 쓰는 과정에서 이러한 관습적 함의를 교묘히 왜곡하는 방법을 동원하기도 합니다. 진술분석에는 그 왜곡한 흔적을 찾아내는 것이 중요한 기술이 되지요.

가령 누군가가 언어학 교수직에 자신의 제자를 추천하는 글을 다음과 같이 썼다고 합시다.

> Mr. A was always on time for classes, and in his papers he always displayes excellent penmanship(A선생은 항상 수업시간을 잘 지키고, 논문에서 늘 좋은 글씨를 보여 줍니다.).

이 추천서를 읽는 사람은 Mr. A가 언어학을 가르치기에는 부적합한 사람이라고 받아들일 것입니다. 그것은 추천서에 Mr. A가 시간을 잘 지키고 글씨를 잘 쓴다는 칭찬이 들어 있음에도 불구하고 다른 칭찬이 드러나 있지 않기 때문이지요. 즉, 반드시 말해져야만 하는 어떤 것이 말해지지 않고 있기에 부적합한 인물이라는 해석이 가능해지는 것입니다.

일반적으로 독자가 화자의 말을 통해 얻게 되는 결론은 위의 경우 추천인이 제자에게 협조하고 있다는 가정에 기반을 두고 있습니다. 즉, 화자가 정확하고 적절한 정보를 주고 있고, 중요한 정보를 보류하고 있지 않아야 한다는 것, 특히 중요한 문제를 놓아두고 지엽적인 문제로 시간을 낭비하지 않는다는 화자의 협조에 기반을 둡니다. 이를 언어학에서는 협조의 원칙이라고 설명하고 있습니다.[2]

✎ 협조의 원칙

1. 양(quantity): 대화의 목적에 요구되는 것보다 많지도 적지도 않게 말해야 한다.

2. 질(quality): 자기가 참이라고 믿는 것과 참이 될 만한 충분한 근거를 가진 것만 말해야 한다.

3. 관계(relation): 말한 것이 목적에 적절해야 한다.

4. 방법(manner): 말이 조리 있고, 애매하거나 장황하거나 모호함을 피해야 한다.

---

2) 박주현(1983). '화행이론에 대하여—Austin, Searle, Grice를 중심으로'. 영어영문학 29권 2호.

그러므로 우리는 진술에서 이러한 대화의 기본적인 협조의 원칙에서 벗어나는 것을 찾아내는 것이지요. 앞서 본 추천서에서 필수적인 사회적 경력 소개의 결여, '중요하지 않은' 정보, 불필요한 연결 어구는 이런 협조의 원칙에서 벗어난 대표적인 사례가 될 겁니다."

✎ 암초효과

진술서를 작성할 때 진술인은 말로 하는 경우보다 글로 쓰는 경우 더욱 숙고하고 표현 하나하나를 예민하게 의식하는 과정을 겪는다. 그런데 진술하고자 하는 내용 가운데 특별한 사건이나 상황이 있고, 그것을 말할 수 없는 사정이 있을 경우 그 부분에 대해 왜곡하거나 생략을 해야 할 절박한 필요성을 느끼기 때문에 진술은 숨기고자 하는 특정 대목 이전부터 영향을 받게 된다. 예컨대, 진술의 자연스런 흐름이 이루어지는 대신 어느 지점부터는 말실수, 머뭇거림, 말 늘어짐 또는 동어 반복의 현상이 나타난다. 이처럼 진술의 흐름이 강물처럼 흘러가다가 의식적으로 숨기고자 하는 요소들이 암초처럼 작용하여 특정 부분 근처에서 미묘한 파장을 일으키게 되는데 이를 암초효과라고 부른다.

진술분석 시 이러한 암초효과가 관찰되면 반복적으로 소리 내어 읽으면서 왜 이런 현상이 발생하고 있는지에 대해 생각해야 하며, 이어지는 진술에서 나타날 수 있는 특이 현상을 예의 주시해야 한다. 왜냐하면 바로 이 대목이 진술인에게 가장 민감한 대목이기 때문이다. 이런 암초효과는 진술인이 심정적으로는 모든 정보를 주기 원하면서도 현실적으로는 이를 줄 수 없으며, 또한 그런 사정 아래서 거짓말을 지어내기가 쉽지 아니하므로 자연스럽게 다음 진술로 넘어가지 못함으로써 나타나는 것이다. 홈집 있는 레코드판에서처럼 동어반복 현상이 두드러지게 나타나고 곧이어 정보의 생략이나 현실의 변화를 반영하는 단어의 변화, 중요하지 아니한 정보의 제공 등이 관찰된다.

제2장
진술분석의 핵심

J검사의 두 번째 강의가 시작되었다.

"진술분석에 있어서는 모든 단어 하나하나가 중요하다(Every word is important.).

글자 하나가 상황이나 관계를 드러내고, 나아가 감춰진 비밀을 드러낼 수 있는 것이지요. 진술분석의 고전이라 할 수 있는 미국의 수잔 스미스(Suzan Smith) 사건에서, 수잔은 자신의 두 자녀를 자동차에 태운 채 그대로 호수로 빠뜨려 살해한 후 자신의 아이들이 유괴를 당했다고 신고하고 기자와의 인터뷰 중에 '내 애들이 나를 원했어요. 필요로 했어요. 그리고 나는 이제 도울 수 없어요(My children wanted me. They needed me. And now I can't help them.).' 라고 말했습니다. 만약 자신의 아이들이 진정으로 유괴를 당한 상태라면 '내 애들이 나를 원해요. 필요로 해요(My children want me. They need me.).' 라고 함으로써 아이들을 찾고 있는 엄마의 절박한 현재 심정을 표출했을 것입니다. 그런데 그런 대목에서 과제 시제를 사용함으로써 이미 애들이 자신을 원하거나 필요로 하지 않는다는 것을 인식하고 있음을 드러내 버린 것입니다. 이 시제 표현 하나로 수잔은 유력한 용의자로 지목되고 나중에 모든 범행을 자백하기에 이르게 되었던 것이지요.

아무튼 오늘은 SCAN에서 강조하는 진술분석의 기본규칙에 대해서 한번 이야기를 해 보겠습니다."

1. 진공상태에서는 아무것도 일어나지 않는다

"Sapir는 '진공상태에서는 아무것도 일어나지 않는다(Nothing happens in a vacuum.).' 라고 강조하면서 이것이 정보를 획득하고 거짓을 탐지하는 데 있어서 가장 중요한 규칙이라고 말합니다.

실로 어떤 사람이라도 자신에게 일어난 일을 우리에게 하나도 빠짐없이, 있는 그대로 말해 줄 수는 없습니다. 설사 24시간 동안 있었던 일을 설명한다 할지라도 그것은 불가능하겠지요.

그러므로 진술인은 정보들 가운데서 무엇이 자신의 이야기에 들어갈 것인지를 선택할 수밖에 없습니다. 즉, 편집과정을 거치게 마련이지요. 진술인은 스스로의 판단에 의해 우리가 알 필요가 있다고 생각하는 것들을 제공하게 됩니다.

이것은 우리 앞에 놓인 진술이 현실 그 자체가 아니라는 것을 말합니다. 그것은 현실에 관한 진술일 뿐이지요. 그러므로 두 개의 문장 사이에는 해당 진술인이 진술하는 과정에서 편집해 버린 시간의 간극이 있을 수 있게 됩니다.

만약 진술이 이루어진 후 해당 진술인에게 '당신은 왜 …… 에 관해서 말하지 않았나요?' 라고 묻더라도 그 진술인은 자연스럽게 그것이 중요하지 않다고 생각했기 때문이라고 답할 수 있을 것입니다. 그러기에 우리는 이러한 답변으로부터는 해당 진술인이 진실한지 아닌지를 판단할 수 없게 됩니다.

왜냐하면 모든 사람은 그 사람이 기본적으로 기만적이거나 진실하거나 간에 이야기를 편집해서 말할 수밖에 없기 때문입니다.

그런데 우리가 진술을 검토하는 가운데 우리 생각으로는 중요하지 않은 뭔가를 찾을 때가 있습니다.

이 경우에는 진술인이 해당 진술 내에 그 '중요하지 않은' 정보를 포함시킨 이상, 우리는 그 '중요하지 않은' 정보가 단지 우리에게만 중요하지 않다고 결론을 내리는 것이 필요합니다.

그 이유는 진술인이 자신만의 독특한 논리, 즉 우리의 논리와는 다른 논리에 의해 진술서상에서 그러한 정보를 생산해 내었기 때문이지요. 그러므로 그 '중요하지 않은' 정보는 오히려 두 배로 중요할 수 있습니다."

- (진술인) included(포함된)= important(중요한)
- (진술인) unimportant(중요하지 않은)=not included(포함 안 된)
- (수사관) included(포함된)=unimportant(중요하지 않은)=doubly important(두 배로 중요한)

중요하지 않지만 두 배로 중요할 수 있는 예시
a. "나는 일어나서, 샤워를 하고, <u>이를 닦았다</u>……(I got up, took a

shower, brushed my teeth······)"

b. "나는 <u>침대를 정리하고</u> 잠을 잤다(I made my bed and went to sleep)"

c. "내 남편은 침실에 들어갔고, <u>의자에 앉았고,</u> TV를 봤다.(My husband entered the bed room, sat in his chair and watched TV)

2. 수박이론

"Sapir가 제시하는 진술분석의 규칙의 하나로 '수박이론 (watermelon theory)'이라는 것이 있습니다. 우리가 어떤 글을 쓰려고 할 때, 당초 의도했던 것과 다르게 글이 쓰이는 경험을 해 본 적이 있을 겁니다.

누군가 우리에게 백지를 주고, 지금까지 살아온 동안 있었던 일에 대해 뭐든 좋으니 글을 써 보라는 지시를 내렸다고 가정해 봅시다. 처음에는 막연하긴 하지만 글을 시작할 수 있는 선택지가 무한정일 수 있지요.

그런데 일단 첫 문장을 종이에 쓰고 나면, 그다음 선택의 여지는 상당히 제한되어 버립니다. 물론 여전히 많은 이야깃거리가 있겠지만 그래도 서술의 반경이 상당히 제한되게 된 것은 부인하기 어려울 것입니다.

두 번째 문장을 쓰고 나면 더욱 제한될 것입니다. 이렇게 세 번째, 네 번째 문장을 쓰고 나면 더욱더 그럴 것이고요. 물론 다섯 번째 또는 여섯 번째 문장 이후에도 진술은 여전히 첫 문장의 영향을 받습니다.

그쯤 되면 진술인은 진술을 통제할 수 없게 되고, 그야말로 진술이 진술을 쓰게 되는 상황이 되고 말지요. 이런 것을 일러 Sapir는 '진술인은 죽고, 진술은 살아 있다!(The person is dead, the statement is alive!)'라고 표현했습니다.

기만적인 사람은 상상을 통해 이야기를 지어내겠지만, 진실한 사람은 기억을 통해 이야기를 이끌어 가게 됩니다.

그런데 기억에는 불필요한 정보가 많이 포함되어 있기 마련이어서 진실한 이야기는 그 대화의 중심을 이루는 해당 사건을 넘어서 다른 사건들과 연결되어 있기도 하지요.

우리의 기억은 수박 속과 같다고 할 수 있습니다. 우리가 수박의 한 조각을 손으로 떼어 내려고 하면 칼로 자르듯이 깔끔하게 떨어지지 않고 이것저것이 딸려 나오겠지요.

기억도 바로 그렇게 깔끔하게 끄집어내지는 것이 아니고 서로 엉겨 붙어 있다고 할 수 있습니다.

진술인이 진술 내에서 사용하는 언어는 그의 마음속에 존재하고 있되 진술에서 언급하지 못한 사건이나 상황에 의해 영향을 받게 된다는 것이지요. 만약 그런 영향의 흔적이 발견되면, 그 원천을 탐색해 봐야 합니다.

그래서 Sapir는 당해 사건 자체를 넘어서 일어난 일에 대한 어떠한 언급이 있는지를 탐색하라고 권하고 있지요."

이때 수사관 Y의 머릿속에서는 진술서 1에서 본 한 대목이 스쳐 지나갔다. 진술인으로 하여금 느닷없이 '나쁜 죄' '나쁜 짓'이라는 표현을 쓰게 만든, 언급되지 않은 상황은 무엇이었을까?

…… 그 앞전에 차를 사기로 해가지고 현금을 가지고 있다는 말은 들었습니다 그러나 돈은 보지 못했습니다 6월 초에 이미자 씨한

태 돈 사백만원 빌린적은 있읍니다. 그래서 일요일날 몇번을 가보
고 해도 차가 그 자리에 서있글래 제가 <u>나쁜제</u>를 지언모양 겁도나고
또 돈 사백 빌린게 겁도나고 여러 가지로 제가 <u>나쁜 짓</u>을 한것처럼
여겨졌읍니다.……

3. 인생에서 우연은 없다

"제 개인적으로는 Sapir의 진술분석을 처음 접할 때 '인생에서 우
연이란 없다(There is no coincidence in life.).' 라는 말이 무척이나
인상 깊게 다가왔습니다.

적어도 진술인이 말하는 모든 것은 각각의 의미를 갖고 있음에
틀림없다는 것이지요. 이는 모든 단어가 중요하다는 말과도 일맥상
통하는 내용이라고 할 수 있습니다.

다시 말해, 특정한 언어를 생산해 내는 어떤 동인이 진술인의 마
음속에 있음을 알아야 한다는 것이지요. 여기서 필요한 것이 바로
다음의 네 가지 기본적인 질문입니다.

진술분석을 하는 사람은 이 네 가지 질문을 화두로 삼아야 합니다."

네 가지 기본적 질문

a. 진술인은 왜 그것을 말했을까?

b. 진술인은 왜 그것을, 이런 식으로 말했을까?

c. 진술인은 왜 그것을, 이런 식으로, 해당 진술의 이 지점에서 말했을까?

d. 진술인은 왜 이만큼의 주관적 시간을 사용했을까?

"이미 눈치를 챘겠지만, 이 네 가지 질문은 진술인에게 물을 질문이 아닙니다. 진술인의 언어 표현을 분석할 때 우리 스스로에게 던지는 질문이라고 할 수 있지요.

그리고 이 질문을 가슴에 품고 진술 전체를 검토하기 전에는 이 질문에 대한 답을 섣불리 내지 않는 것이 바람직합니다."

1) 진술인은 왜 그것을 말했을까?

"자, 진술서 1에서 갑자기 '현금'이나 '돈'이라는 표현이 튀어 나왔는데, 그것을 왜 말했을지를 한번 생각해 보세요."

······ 그 앞전에 차를 사기로 해가지고 현금을 가지고 있다는 말은 들었읍니다 그러나 돈은 보지 못했읍니다 6월 초에 이미자 씨한태 돈 사백만원 빌린적은 있읍니다.

"물론 갑자기 이러한 내용이 진술에 포함된 것은 혹시 진술서를 작성하기 전이나 작성하는 과정에 수사관이 개입하여 돈 문제를 거론한 결과가 아닌지를 우선적으로 생각해 볼 수 있습니다.

만약 그런 것이 아니라면, 진술인이 스스로 이미자와의 돈 문제를 거론해야만 할 어떤 이유가 있다고 해석할 수밖에 없게 되지요.

또 이미 살펴보았던, 수영장에서의 아이 독살 사건의 엄마가 쓴 진술서에서는 죽은 아이를 병원 영안실로 데려가고 난 후 일어난 일의 진술 가운데 이영복이란 남자에 대한 언급이 있습니다. 이처럼 갑자기 튀어나오는 내용에 대해서는 왜 이런 말을 썼을지 생각해 볼 필요가 있습니다."

…… 영안실에서 아이들이 배가 고프다 하여 컵라면을 주고 있는데 이영복께서 우리 룸앞으로 오고 있었다. "오빠 보면 어떡하려고 이럽니까? 어서 가세요" 하여 이영복님은 나갔습니다. 그리고 얼마 후에……

"그러기에 Sapir는 바로 이런 대목에서 '순서에 벗어난(out-of-sequence) 정보'의 중요성을 강조합니다. 즉, 순서에 벗어난 진술은 읽는 사람의 눈에 그렇게 보인다는 것이지, 진술인에게는 그 어느 것도 진정 순서에서 벗어난 것이란 없다는 것입니다. 진술인에게는 제대로 된 순서라는 것이지요.

우리로서는 그 진술을 온전히 이해할 때에만 모든 것의 순서가 제대로 되어 있다는 것을 깨닫게 됩니다. 그러므로 그 연결점을 찾으려고 노력해야 하지요."

2) 진술인은 왜 그것을, 이런 식으로 말했을까?

"다시 진술서 1을 한번 보기로 하지요. 진술인은 첫 문장을 왜 이렇게 시작했으며, 두 번째 문장은 왜 이렇게 적었을까요?"

    …… 저는 2008년 6월 10일인지 11일인지 그날이 일요일 이었읍니다. 일요일 토요일 저녁에 김해시 생림면 소재 생림공단입구에서 6시에 만나기로 했는데 제가 조금 늦게 약 30~40분정도 느깨사 나가는 바람에 만나지 못했읍니다. …… 그래서 이미자씨 승용차 운전석 자리에 타고서 의자를 뒤로 재친채 한참 약 30분 정도는 족히 있었는대 오지 않아서 그냥 집으로 왔읍니다……

"이 진술서 1을 다음 진술서와 비교해 보면 흥미로운 점을 발견할 수 있을 겁니다.

...... 4월 11일 제가 이모에게 빌린 돈을 주기로 하였습니다. 그 날 제가 오후 2시에 출근을 하니 이모가 저의 매장에 있었습니다. 그래서 이모에게 오늘 밤에 만나기로 하였습니다. 4월 11일 24:00경 이모에게 전화가 와서 제가 한 두시간 후 다시 연락한다고 한 후 4월 12일 02:00경...... 30~40분후 C동 닭갈비집 앞에서 만나기로 통화가 되었습니다. 그런데 제가 만나기로 한 시간보다 5~10분 정도 늦게 가보니 이모가 보이지 않아 차에서 기다리던 중 깜박 잠이 들어 깨어 보니 날이 밝아서 근처 E여관에서 잠시 잠을 잔 후 산내 누나집으로 옷을 갈아입기 위해서 갔습니다. 그 시간은 8:00~9:00 사이 였습니다.......

두 진술서 모두에서 진술인은 약속 장소에 늦게 나가는 바람에 못 만났다고 하면서도 약속 장소에 도착한 시간 자체는 적시하지 않고 있습니다. 또한 약속한 사람과 만나거나 서로 연락을 취하려는 아무런 노력 없이 그저 약속장소에서 기다리다가 한 진술인은 상대가 오지 않아서 그냥 집으로 왔고, 다른 진술인은 차에서 깜박 잠이 들어 깨어 보니 날이 밝았다는 식으로 적고 있습니다."

"그런데 Sapir는 진술인이 특히 뭔가를 '시작했다' '계속했다' '끝냈다'와 같은 동사를 사용했을 경우, 이를 주의 깊게 살펴야 한다고 강조합니다. 그 이유는 진술이란 수학방정식과 같기 때문이라는 거지요.

예를 들면, 보통 진술인은 '나는 일어나서(=A), 샤워를 하고(=B), 신문을 보고(=C), 커피를 마셨다(=D)'는 식으로 말하곤 합니다.

이러한 진술을 읽으면서 우리는 만약 B가 시작되었다면 A는 이미 끝난 것으로 이해합니다. 마찬가지로 C가 시작될 때 B는 끝난 것이 되는 것입니다. 이런 식의 진행은 진술 전체에 걸쳐 그렇습니다.

하지만 진술인이 '나는 A를 시작했다'고 말한 경우, 그러한 표현에는 어떤 의미가 있게 됩니다. 여기서 만약 진술인이 왜 '시작했다(began)'는 것인지 설명하고 있다면, 그것은 괜찮습니다.

그렇지만 진술인이 그 내용을 설명하고 있지 않다면, 우리는 그것에 관해 질문해 봐야 한다는 거지요."

주의를 기울여야 하는 동사
'시작했다(started, began, commenced)'
'계속했다(continued, proceeded)'
'끝냈다(completed, finished, ended)'

3) 진술인은 왜 그것을, 이런 식으로, 해당 진술의 이 지점에서 말했을까?

이번에는 다음 예들을 통해 특정 진술이 행해지는 지점에 주목해 보도록 하세요.

> ······ 나는 일어나서, 샤워를 했다. 아주 지루한 일요일이었다. 그런 생각이 든다. 나는 밖으로 나갔다······

> ······ 나는 일어나서, 침대에서 나왔다. 침대에서 나오기 전에 전화를 몇 통화 했고, 샤워를 했다······

위 예들에서 진술인이 굳이 이 대목에서 '그런 생각이 든' 장면이나 '전화를 몇 통화 한' 내용을 떠올리거나 적시한 이유는 과연 무엇일까? 하는 점을 생각해 봐야 합니다. 우선은 당장 무슨 이유인지 답이 떠오르지 않겠지만 진술인으로서는 바로 이 대목에서 '그런 생각이 들었고' '전화를 몇 통화했다'는 것을 언급해야 할 내적인 필요성을 느끼고 있었던 것이 분명하기 때문에 그에 대한 답은 다른 상황이나 장면과의 맥락적 배경 속에서 보면 답이 저절로 드러날 수 있을지 모르므로 일단은 주의를 해 두는 것이 좋습니다.

우리의 진술서 2의 예시에도 진술인이 굳이 이 지점에서 '자기 트럭에 박힌 돌을 빼내고 돈을 얼마나 뺐는지'에 대하여 언급해야만 했는지를 자문해 볼 필요가 있습니다.

> ······ 6월 10일 토요일 저녁 부산에서 일마치고 김해시 생림면 나전리에서 6시에 만나기로 했는데 조금 늦은 것은 사실입니다. 6시라는 시간은 넘어서고 조금 빨리 와야 겠다는 생각으로 왔는대도 늦었습니다. <u>그때 잠시 저의 덤프트럭에 박힌 돌을 빼내고 제차를 세워놓고</u> 이 미자 차를 타고 생림 쪽으로 가서 생림 농협에 돈을 찾았습니다. <u>돈을 을마나 뺏는지는 모른다</u>······

4) 진술인은 왜 이만큼의 주관적 시간을 사용했을까?

"마지막으로 주관적 시간(Subjective time)이란 개념을 이해할 필요가 있습니다.

주관적 시간이란 진술인이 진술을 하는 데 들인 시간의 양을 말하지요. 이는 페이지에서의 줄(line) 수로 표시할 수 있습니다.

진실한 진술은 현실을 반영한다는 명제는 진술의 내용에 대해서뿐만 아니라 그 비율에도 적용되지요.

다시 말해, 객관적 현실에서 더 오래 걸리는 뭔가는 더 적게 걸리는 뭔가보다 더 많은 줄(line)을 사용하는 것으로 해당 진술(=주관적 현실, subjective reality)에서 드러나게 된다고 할 수 있습니다.

가령 어떤 사람이 진술할 때 객관적 현실을 기술하는 평균적인 속도가 1시간당 진술서의 2~3줄을 사용하는 것으로 나타났다면, 갑자기 그 기준에서 어떤 일탈이 일어난 경우, 우리는 해당 진술을 '불균형한 진술(=주관적 시간이 불균형한, unbalanced statement)'로 간주할 수 있게 되는 것입니다.

제3장
SCAN 기법의 이해

수사관 Y는 SCAN 기법을 통해 진술 내용을 분석하는 방법을 배우러 가기에 앞서 J검사가 미리 일러 준 대로 여러 색깔의 색연필한 다스를 준비했다. 주요 단어에 색깔별로 표시를 하면서 분석하는 것이 표현의 분류를 위해서는 물론, 가장 민감한 정보가 어디에 있는가를 한눈에 살펴보기 편하기 때문이었다.

SCAN의 색깔 code
- 대명사에 동그라미를 친다.
- 파란색: 장소를 떠났다는 표현, '떠났다(left)' '출발했다(departed)' 등; 이유나 원인을 나타내는 표현, '왜냐하면(because)' '까닭에 (since)' '그래서(so)' '바람에(due to)' '때문에(as)' 등

- 녹색: 언어의 변화, 진술에 거론된 모든 사람
- 분홍색: 없어진 시간 또는 정보, '나중에(later on)' '나는 기억이 안 나요(I don't remember)' 등
- 빨간색: 객관적 시간들
- 노란색: 중요하지 않은 정보, '이를 닦았다' 등
- 불필요한 연결
- 주황색: 의사소통(communication)에 관한 단어, '말했다(said)'와 '(강한 어조로) 말했다(told)' 등

1. 진술에서 언급된 사람

a. 진술에서 사람이 언급될 때마다 해당 단어나 이름에 밑줄을 친다. 색깔을 사용할 때는 녹색으로 표시한다.
b. 여기서 '사람'이라 함은 문자 그대로 '사람'만을 의미하는 것은 아니다. 예컨대, 이미지, 집사람, 남편, 회사, 소집단 등의 단어가 모두 해당된다.

1) 사회적 소개

J검사는 설명을 시작했다.

"진술서 역시 기본적으로는 대화의 일종입니다. 그러므로 대화에

따르는 협조의 원칙이 적용되고 있다고 할 수 있지요.

그 대표적인 예로, 우리가 대화를 하면서 새로운 인물을 다른 사람에게 소개할 때처럼 진술인은 진술하는 가운데 새로 등장하는 인물이 있을 경우 이를 소개할 필요성을 느끼게 됩니다.

이와 관련하여 Sapir가 진술에 있어서 사회적 소개(social introduction)의 개념을 강조하는 것은 의미가 있지요.

누군가가 자기 아내와 함께 어딘가에 갔던 일을 자필로 기록하고자 하는 경우를 예로 들어 봅시다. 그가 진술 내에서 아직 자신의 아내를 언급하지 않았다면 아내가 처음 등장하는 시점에서는 자기 아내가 아무개라는 점을 밝혀서 소개를 하는 것이 필수적인 일이 되지요. 마치 사회생활을 하면서 다른 사람에게 자기 아내를 소개하듯이 말입니다. 그러기에 진술서에서도 사회적 소개는 필수적인 부분이 됩니다. 진술인은 눈앞에 보이는 사람 없이 진술을 한다 해도 읽거나 듣는 사람을 염두에 두게 됩니다.

즉, 진술서를 읽게 되는 상대방이 자신이 말하고자 하는 사람이 누구이고 어떤 사람인지 알 수 있도록 신경을 쓰는 것은 진술인으로서는 자연스러운 일이라고 할 수 있어요. 다음의 예를 한번 볼

까요?

> …… 나는 일어나서, 샤워를 하고, 옷을 입었다. 내 아내(my
> wife)는 일어나……
> → 진술서를 읽는 사람에게 '내 아내'라고 하는 것은 사회적 소개로서
>   사용할 만하다.(적절)

> …… 나는 일어나서, 샤워를 하고, 옷을 입었다. 내 아내(my
> wife) 리사(=사회적 소개)는 일어나서 부엌에서 나와 함께 있었다.
> 그러고 나서 리사는……
> → 진술인이 처음에 리사를 자신의 아내로서 소개했고, 그다음엔 간략
>   히 이름만 거론하는 것으로 처리했다. 우리는 리사가 누구인지 이
>   미 알고 있으므로 이런 표현은 문제가 없다.(적절)

그런데 우리가 진술서를 꼼꼼히 읽었는데도 진술인이 언급한 사
람이 누구인지를 제대로 알 수가 없다면, 그것은 해당 진술인의 마
음속에 무엇인가 거리끼는 것이 있어 그로 하여금 그 사람을 제대
로 소개하지 못하도록 한 결과 때문이 아닌지 검토해 봐야 합니다.

그러므로 우리는 여기서도 진실한 진술이 현실을 반영한다는 명
제를 생각해 봐야 합니다. 즉, 진술 속에서도 일상생활에서 발견되
는 것과 동일한 예법이 적용된다는 점을 말이지요.

우리가 낯선 사람에게 자신의 아내나 남편을 처음 소개할 때는 그 이름보다는 소개하고자 하는 이를 지시하면서 '제 집사람입니다' 또는 '제 남편입니다' 라고 하겠지만, 글로 소개하는 경우에는 직접 행동으로 가리킬 대상이 없으니 '집사람 김 아무개 '또는 '남편 이 아무개' 라고 집사람 또는 남편이라는 호칭을 먼저 사용하고 그다음에 이름을 밝히는 방식을 사용할 것입니다.

그런데 진술을 분석하고자 하는 사람은 진술서를 읽으면서 진술에 드러난 것 이상의 외부적인 지식이 어떤 것이라도 받아들여서는 안 된다는 점을 알아야 합니다.

말하자면 진술서를 읽는 사람이 '김 아무개' 가 진술인의 아내라고 말할 수 있으려면 진술인이 먼저 해당인에 대해 '아내' 또는 '집사람' 이라는 표현을 사용한 사실이 있어야 한다는 것입니다. 따라서 진술인이 아직 그렇게 말하지 않았다면 그녀는 '그의 아내가 아니다' 는 것이지요.

누군가 실제로 그녀가 진술인의 아내라고 말해 줄 수 있겠지만 최소한 그의 진술서 내에서는 아직 그녀는 그의 아내가 아니라는 말입니다.

이처럼 진술을 분석할 때 우리는 진술인이 말한 것을 분석할 뿐 우리가 아는 것을 적용하여 분석해서는 안 된다는 점을 인식해야 합니다."

2) 경제의 원칙

"그런데 보통 우리는 어떤 내용을 문장으로 표현할 때, 협조의 원칙과 더불어 경제의 원칙을 따르게 된다고 할 수 있습니다.

즉, 가급적 짧게 줄여서 표현하는 것이 최선의 방식이라는 말이지요. 따라서 이런 방식에서의 일탈이 발견되는 것은 그 대목에 다른 의미가 숨어 있다는 말이 됩니다.

이에 대한 이론적 배경으로 Sapir는 생각의 속도가 말의 속도보다 훨씬 빠르고, 말의 속도는 필기의 속도보다 훨씬 빠르다는 점을 들고 있지요.

그렇기 때문에 우리는 진술인이 '긴' 사회적 소개로부터 '짧게 줄인' 사회적 소개로 진행할 것을 기대하게 되고, 만약 진술인이 짧게 줄여 말하지 않는다면, 우리는 진술인의 사고에서 무엇인가가 짧게 줄여 말하는 것을 방해하고 있다고 해석할 수 있게 됩니다."

이때 수사관 Y는 "그렇다면 우리는 진술을 자로 재야 한다는 말인가요?"라고 물었다.

"바로 그렇습니다. 우리는 우리 자신에게 진술인이 이 특정한 문장을 좀 더 짧게 줄여 쓸 수 없었는지에 대해서 끊임없이 질문해야 합니다.

만약 우리로서는 그렇게 할 수 있는데 진술인이 그렇게 하지 않았다면, 우리는 질문해야 하는 것입니다. 왜 해당 진술인은 바로 가는 길을 택하지 않고 돌아가는지를 말이지요. 다음 예들을 보지요."

> …… 나는 일어나서, 샤워를 하고, 옷을 입었다. 내 아내(my wife) 리사는 일어나서 부엌에서 함께 있었다. 그리고 내 아내(my wife) 리사는 …… 로 갔다……
>
> → 진술서의 아내가 '갔을' 때 일어난 무엇인가가 해당 진술인으로 하여금 아직도 위와 같은 공식적인 소개가 필요하게끔 만들고 있다.(부적절)

> …… 나는 일어나서, 샤워를 하고, 옷을 입었다. 리사가 일어나서 부엌에서 나와 함께 있었다. 그리고 내 아내 (my wife) 리사는……
>
> → 여기서 진술인은 짧은 사회적 소개에서 긴 소개로 진행한다. 진술인의 아내가 일어났을 때, 그녀를 '내 아내'보다 짧게 줄여 호칭하게 된 무엇인가가 발생했다.(부적절)

...... 나는 일어나서, 샤워를 하고, 옷을 입었다. 내 아내(my wife)는 일어나서 부엌에서 나와 함께 있었다. 그리고 리사는 갔다......

→ 리사가 진술인의 아내라는 것은 납득이 간다. 그렇지만 해당 진술인은 최초의 소개에서 자기 아내의 이름(first name)을 언급하지 않음으로써 리사로부터 그의 '아내'의 지위를 빼앗았다. 이러한 변화는 둘 사이에 어떤 긴장이 있었거나, 관계가 나쁘다는 것을 보여 주는 징후다.(부적절)

...... 나는 일어나서, 샤워를 하고 옷을 입었다. 리사는 일어나서 ......

→ 이것은 불완전한 소개다. 우리는 리사가 누구이지? 라고 물을 수밖에 없다. 진술인은 자기와 리사와의 관계를 말하고 싶지 않았다고 할 수 있다. 그래서 만약 리사가 그의 아내라면, 해당 진술인은 의도적으로 그녀의 지위를 빼앗은 것이다.(부적절)

2. 대명사

a. 대명사에 동그라미를 치는 것은 읽는 속도를 늦춘다. 이는 우리가 대명사에 집중할 수 있도록 해 주고, 내용 자체에 주의를 기울이는 동안 대명사를 잊지 않도록 해 준다.

b. 대명사에 동그라미를 치는 것은 분석자가 해당 진술의 내용에 관계없이 오직 동그라미만을 쉽게 훑어볼 수 있도록 해 준다. 그러므로 동그라미를 칠 때는 눈에 잘 띄는 색상의 펜을 사용하는 것이 좋다.

c. 진술 원본에 대한 복사본을 만들고, 그 복사본에 작업하는 것이 좋다.

d. 만약 분석하는 동안 해당 피의자가 같은 공간에 있게 되면, 작업을 멈추는 것이 좋다. 진술인이 대명사의 중요성을 알게 되어 차후의 조사 시 대명사를 의식하게 될 수 있기 때문이다.

e. 일단 모든 대명사에 동그라미를 쳤으면, 대명사들 속에 어떤 패턴이 있는지를 알기 위해 검토해야 한다.

"어떤 사람이 진술에서 첫 번째로 언급(=사회적 소개)된 이후에는 그 사람을 지칭하는 인칭 대명사의 사용이 요구되는데, 이는 다음과 같이 대명사를 통해 앞서 말한 경제의 원칙을 실현할 수 있기 때문입니다."

······ 나는 일어나서, 샤워를 하고, 옷을 입었다. 내 아내(my wife=사회적 소개)는 일어났고, 우리는 아침식사를 했다······

1) 대명사의 중요성

"Sapir는 진술 속에서 대명사는 진술인의 개인적 언어에 의해 좌우되지 않는 특징이 있음을 강조하고 있지요. 즉, 너무도 당연한 얘기지만, 대명사는 모든 사람에게 동일하다는 것입니다.

가령 진술인이 '나(I)'라고 말할 때, 이는 그가 혼자였음을 의미하고, '우리(we)'라고 말할 때는 누군가가 그와 함께 있었음을 의미한다는 것이지요.

그렇기 때문에 개인적 해석에 좌우되는 다른 언어적 요소들과 달리 대명사는 객관적 언어라고도 합니다.

진술을 낱말 맞추기 퍼즐에 비유하자면 대명사들은 우리에게 이미 주어진 요소라고 할 수 있지요. 대명사를 엄격하게 사용하는 영어권의 경우, 진술 내에서 대명사는 그 자체만으로도 거의 80~90%의 시인 내지 자백을 드러낸다고 할 정도입니다.

따라서 진술분석 시 단지 대명사에 집중하는 것만으로도 매우 좋은 효과를 거둘 수 있다고 강조합니다."

2) 대명사의 의미

"예를 들면, '내가, 아참 우리가'라는 진술에서처럼 동일한 문장 내에서 대명사의 변화는 이미 해당 진술 내에 거짓이 있을 수 있다는 점을 시사한다고 할 수 있습니다.

또 동일한 장소에서 대명사의 반복적 사용은 불안의 척도를 나타낸다고 하지요. 두 번의 반복은 약한 불안이고, 서너 번의 반복은 보통의 불안이며, 다섯에서 일곱 번 거듭되는 경우는 심각한 정서적 문제에 기인한 살인사건에서만 발견되는 극도의 불안감의 표현이라고 Sapir는 설명합니다.

한편 진술 전체에서 또는 진술 내 어느 한 문장에 있어서 '나'의 결여는 긴장하고 있거나 거짓을 드러내고 있다고 해석할 수 있습니다.

동시에 '나'를 지나치게 자주 사용하는 경우에 대해서도 주의를 기울여야 합니다. 예를 들어, '나는 일어났다. 나는 샤워를 했다. 나는 옷을 입었다.'와 같은 진술의 경우가 이에 해당되지요. 이런 경우는 문장이 토막 나 있는 상태이고, 이는 진술인이 경계 상태에 있음을 의미합니다.

이러한 현상은 보통 정도로 긴장하는 것으로 해석될 수도 있지만, 때로는 거짓과 연관되기도 하지요. 아무튼 진술은 자연스럽게 흘러가야 합니다.

'나'는 심리학에서 가장 중요한 대명사로 강조되고 있지만, 진술을 언어학적으로 분석할 때 우리는 모든 개별적인 대명사를 '나'와 동일하게 중요한 것으로 간주해야 합니다."

3) 대명사 '우리'

"영어와 달리 우리말의 경우는 대명사의 사용에 대한 규칙이 비교적 느슨하다고 할 수 있어요.

어쨌거나 우리나라 사람은 '우리'라는 표현을 참 많이 사용합니다. '우리 집' '우리 것', 심지어 '우리 마누라'라는 표현까지 일상적으로 사용하고 있으니까요.

'우리'는 '나' 또는 '저' 못지않게 중요한 대명사입니다. 기본적으로 누구도 혼자 살 수 없다는 점에서 '우리'가 없는 진술이란 특히 조심스럽게 확인할 필요가 있게 되지요.

즉, 모든 사람들의 일상에는 항시 누군가가 함께할 가능성이 있게 마련인데, 진술인이 '우리'라는 표현을 통해 다른 사람의 존재를 언급하지 않았다는 것은 같은 시공간에 있었던 혹은 일정한 관계를 유지하는 특정 인물을 언급하기 원치 않았거나 그만큼 중요하게 생각하지 않았음을 말해 주는 단서가 됩니다.

또 진술 내에서 대명사 '우리'의 사용 빈도는 해당 진술인이 편안한지 아닌지 여부를 시사할 수 있지요. 만약 '우리'라는 표현이 진술의 전반부에는 사용되지 않다가 어느 시점에서부터 나타나기 시작한다면, 이로 미루어 해당 진술인이 처음에는 긴장했다가 나중에는 편안해졌다는 사실을 알 수 있습니다.

그렇다면 수사관은 스스로에게 해당 진술인이 긴장한 지점이 범죄의 시점에 상응하는지 여부를 물어야 하는 것이지요."

3. 연결 어구

a. 접속사를 포함하여 두 문장을 연결하는 모든 연결 어구에 밑줄을 친다.
b. 불필요한 연결 어구가 있는지 주의한다.

······ 일요일 아침 나는 8시에 일어나 부엌으로 갔고, 우유를 한잔 마셨다. 부엌을 떠난 후에(after leaving the kitchen) 나는 거실로 갔다.······

······ 4월 11일 제가 이모에게 빌린 돈을 주기로 하였습니다. 그날 제가 오후 2시에 출근을 하니 이모가 저의 매장에 있었습니다. 그래서 이모에게 오늘밤에 만나기로 하였습니다. 4월 11일 24:00경 이모

에게 전화가 와서 제가 한 두시간 후 다시 연락한다고 한 후 4월 12
일 02:00경…… 30~40분후 C동 닭갈비 앞에서 만나기로 통화가 되
었습니다. 그런데 제가 만나기로 한 시간보다 5~10분 정도 늦게
가보니 이모가 보이지 않아 차에서 기다리던 중 깜박 잠이 들어 깨
어 보니 날이 밝아서 근처 E여관에서 잠시 잠을 잔후 산내 누나집
으로 옷을 갈아입기 위해서 갔습니다. 그 시간은 8:00~9:00 사이
였습니다.……

…… 둘이서 차를 타고 갔읍니다. 그기가니까 어둠이 살짝 깔렸
읍니다. 여덜시 못됐습니다. 방천 뚝으로 약 1km 정도 가니까 방천
뚝위가 무척 넓드라고요. 그기가니까 검정색 무쏘 차가 한대서있고
사람 셋이서 오드라고요……

"연결 어구는 해당 진술에서 두 개의 다른 부분을 연결하는 어구
를 말합니다.

그런데 첫 번째 예문에서 볼 수 있는 것처럼 '부엌을 떠난 후에'
라는 연결 어구는 그 자체가 우선 기억의 전진법칙에 위배되는 것
입니다. 즉, 기억이 진행 방향을 향해 앞으로 가는 것이 아니라 다시
부엌으로 역행하면서 '장소를 떠나는(leaving the place)' 동사가 사
용되었으며, 이 연결어구가 없더라도 다음 문장과 이어지는 데 별반
지장이 없다고 할 수 있지요.

물론 다음 문장과의 연결에 지장이 없어 보이는 것은 이 진술을 읽은 우리에게 그렇다는 말이긴 합니다만.

결국 이 표현은 관찰자인 우리가 보기에는 '불필요한 연결 어구 (unnecessary connections)'가 되는 것이고, 이를 통해 부엌에서 있었던 일이 무언가 민감한 정보로 작용하고 있다고 해석할 수 있게 됩니다.

그래서 SCAN 기법에서는 이처럼 특정 장소를 떠나는 동사는 그자체로 불필요한 연결 어구로 봅니다.

그런데 영어에서는 대명사가 중요한 역할을 하는 데 비해 우리말에서는 동사와 그 동사를 연결하는 연결 어구의 해석이 중요하다는 것이 제 경험입니다. 두 번째 예문에서 보이는 접속사 '그래서'와 '그런데'를 한번 생각해 볼 필요가 있습니다."

수사관 Y로서는 두 번째 예문의 '그래서'와 '그런데'의 사용에는 우리말의 어법상으로 볼 때도 그다지 특이한 점이 없어 보였다.

"얼핏 보면 별로 무리가 없어 보이는데, 그 이유는 우리가 일반적으로 글을 읽을 때, 이미 알고 있는 외부적 지식을 동원하거나 현실을 고려하면서 빈칸을 보충하여 읽기 때문입니다.

그렇지만 진술서를 읽는 사람, 특히 진술분석을 하는 사람은 진술을 있는 그대로 바라보고 해당 진술 내에서 무슨 일이 일어났는지, 진술인이 사건을 묘사하는 데 사용한 단어가 무엇인지를 세심하게 관찰해야 그 미묘한 차이를 찾아낼 수 있게 되지요. 다시 한 번 그 두 접속사를 살펴봅시다.

사전적으로 '그래서'는 앞의 내용이 뒤의 내용의 원인이나 근거, 조건 따위가 될 때 쓰는 접속 부사입니다.

예를 들어, '어제는 많이 아팠어요. 그래서 결석했어요.'라든가, '그 새는 날개를 사용할 생각을 하지 않았다. 그래서 날개가 퇴화했다.'처럼 쓰이는 것이 보통입니다.

그런데 위의 진술인이 사용한 '그래서'는 이러한 용법과 맞지 않는다는 것을 알 수 있지요. 왜냐하면 이모가 매장에 있는 것이 밤에 만나기로 한 것의 원인이나 근거, 조건이 되기는 곤란하기 때문입니다.

진술인이 만약 돈을 구해서 밤에 만나기로 했다는 사정이나 상황

진술분석

이 있다면 모를까 말이지요.

그런 내심의 의사를 보충해 해석하지 않고서는 '그래서'라는 접속사를 통해 두 문장이 자연스럽게 연결되지 않습니다. 그렇기 때문에 '그래서'와 관련해서 뭔가 숨겨진 정보가 있다고 해석하는 일이 가능하다는 것이지요. 물론 어떤 민감한 정보가 있는지는 다시 검토해 봐야 합니다만."

"그러면 위 진술의 '그런데'에서는 어떤 점을 봐야 하나요?" 수사관 Y는 물었다.

'통화가 되었습니다. 그런데 제가 만나기로 한 시간 보다 5~10분 정도 늦게 가보니'라는 표현이야말로 무심코 보면 아무런 문제점이 없는 것으로 보입니다.

이는 글을 읽는 사람이 '흠, 통화가 되어 만나기로 했지만, 못 만났다는 얘기로군'이라고 스스로 보충을 해서 읽어 버리기 때문입니다.

이런 현상이야말로 실은 지극히 정상적인 대화 방법입니다. 말그 자체가 아니라 말 속에 들어 있는 숨은 뜻, 즉 관습적 함의

(conventional implication)를 통해 상대의 의도를 파악해 말하거나 글을 쓴 이를 이해해 나가는 것은 일반적으로는 당연하다고 할 수 있지요.

되풀이하지만, 문자 그 자체와 그 속에 숨은 관습적 함의로 이 문장을 해석하게 되면 당연히 별다른 문제가 없어 보입니다.

그러나 진술분석에서는 이와 다소 다른 접근 방법을 택합니다. 진술분석이란 진술인이 진술한 내용을 있는 그대로 바라보고, 그 단어를 사용하게 된 그 내면적 계기 및 필요성을 찾아내는 작업이기 때문입니다.

특히 진술서 쓰기는 과거에 경험한 사실을 기억을 통해 기술하는 작업이고, 그 기억을 통해 기술하는 진술인은 주관적으로 현재인 상태, 즉 주관적 현재(subjective present)에 있게 된다는 점을 생각해야 합니다.

위 예문에서 진술인이 통화를 한 시점에서 보자면, 만나러 나가는 것은 미래(future)의 일이고, 못 만난다는 것은 아직은 예상이 안 되는 상황이라는 점을 고려해야 합니다.

그러므로 못 만났다는 것을 전제로 한 접속사 '그런데'보다는 '그래서'가 이 대목에서는 오히려 적당하다고 볼 수 있습니다.

아시다시피 '그런데'는 화제를 앞의 내용과 관련시키면서 다른 방향으로 이끌어 나갈 때 쓰거나, 또는 앞의 내용과 상반된 내용을 이끌 때 사용하는 접속 부사입니다.

예컨대, '아 그렇군요. 그런데 왜 그때는 말씀을 안 하셨습니까?' 라든지, '동생은 벌써 숙제를 하고 나갔어요. 그런데 저는 아직도 숙제가 많이 남아서 놀 수가 없어요.'에서처럼요.

그러므로 여기서는 '그런데'보다는 '그래서 제가 ○○경 약속한 장소로 갔습니다. 제가 조금 늦게 나갔는데 다행히 이모도 아직 안 나와 있었습니다.' 또는 '그래서 약속장소로 나갔지만……' 정도로 연결이 이루어지는 것이 진술 자체로 적합하다고 할 수 있습니다. 문맥상 만나기로 통화가 되었고, '그래서' 약속장소에 나갔지만, 결과적으로 못 만났다는 것이 순서나 이치에 맞기 때문이지요.

세 번째 예문의 경우, '거기가니까'가 계속 반복되고 그 자체가 불필요한 연결 어구인 것이 바로 눈에 띌 것입니다.

불필요한 연결 어구는 진술인이 진술에서 의도적으로 배제하려는 정보를 대치하기 위해 나타나는 것이므로 예의 주시해야 하지요. Sapir는 이것을 '우유컵 법칙(The Glass of Milk Law)' 이라고 합니다.

> ······ 나는 일어나서 식당을 가로 질러 부엌에 있는 냉장고로 걸어 갔다. <u>그리고 우유컵을 들었다.</u> 이제 당신이 알고 싶은 것이 뭐요······

4. 시제의 변화

"모든 진술서는 기본적으로 1인칭 과거시제가 되기 마련입니다. 진술하고자 하는 모든 것은 자신이 과거에 경험한 사실이니까요.

우리말은 주어를 생략하는 경우가 많습니다. 특히, 1인칭 대명사인 '나' '저' 또는 '제'는 말을 할 때 생략하는 경우가 많지요. 다만 우리가 글을 쓸 때는 보다 형식을 갖추어 표현하기 때문에 생략되는 경우가 말을 할 때에 비해 적게 나타납니다.

시제의 경우도 우리말의 시제는 그 사용이 다소 자유로워서 정확한 시제 구분이 안 되는 경우가 적지 않습니다. 그런 의미에서 시제가 엄격하게 표현되는 영어의 경우와 대비된다고 할 수 있습니다.

시제의 중요성은 수잔 스미스(Suzan Smith) 사건에서 극적으로 드러났지요. 전에 한번 설명한 적이 있지만, 당시 수잔은 자신의 아이들이 유괴를 당했다고 신고한 후, 기자와의 인터뷰 중에 '내 애들이 나를 원했어요. 필요로 했어요. 그리고 나는 이제 도울 수 없어요(My children wanted me. They needed me. And now I can't help them.).'라고 말했습니다. 이 언술에서 어떤 부분이 잘못된 것인지를 알아차릴 수 있겠어요? 자신의 아이들이 유괴를 당한 상태라면 '내 애들이 나를 원해요. 필요로 해요(My children want me. They need me.).'라고 함으로써 아이들을 찾고 있는 엄마의 절박한 현재의 심정을 표출했을 것입니다. 그런데 그런 대목에서 과제시제를 사용함으로써 이미 애들이 자신을 원하거나 필요로 하지 않는다는 것을 인식하고 있음을 드러내 버린 것입니다. 이 시제 표현 하나로 수잔은 유력한 용의자로 지목되었고, 나중에 모든 범행을 자백하기에 이르렀던 것이지요.

다음의 예를 보면, 진술분석 전문가가 아니더라도 금방 뭔가 이상하다는 느낌을 받겠지만, 구체적으로 어투가 달라졌을 뿐만 아니라 과거시제가 현재시제로 어느 틈에 바뀌고 있음을 확인할 수 있습니다."

…… 둘이서 차를 타고 갔읍니다. 그기가니까 어둠이 살짝 깔렸 읍니다. 여덜시 못댔읍니다. 방천 뚝으로 약 1km 정도 가니까 방천 뚝 위가 무척 넓드라고요. 그기가니까 검정색 무쏘 차가 한대서있고 사람 셋이서 오드라고요…… 그때 미자도 뚜디러 맞는지 고함을 지 르고 욕을 하드군요. 저도 일어나지 못하고 그 자리에 있을수 박에 없읍니다. 그렇게 한바탕 소란을 피우고 나니 미자는 무쏘차로 대리 가고 그때 까지 저는 꼼짝도 못하고 있었읍니다. ……

"이러한 시제 변화의 예는 다음에서도 찾아볼 수 있습니다. 진술 인은 시제를 과거형으로 비교적 제대로 구사하다가 특히 4월 15일 의 행적 설명에서 '같이 있습니다' 라는 식의 일탈을 보이고 있는 것 이 발견됩니다."

…… 4월 13일에도 평소와 마찬가지로 오후 2시경 출근을 하였습 니다. 그리고 그날밤인지 14일 밤인지 잘 기억은 나지 않지만 평소 자주 가던 포장마차에 이모소식이 궁금하여 찾아가보니 그 이모도 모른다고 했습니다. 오락실에서 평소 알고 지내던 준호 형을 만나 같이 오락을 하고 오락실에서 만나게된 형님들과 이런저런 얘기를 하다 집으로 갔습니다. 그래서 포장마차에서 소주를 한 잔 한후 오 락실에 들러 오락을 한 후 집으로 갔습니다.
4월 15일에는 일을 마치고 여자 친구와 같이 있었던 거 같습니 다. 저는 자주 여자 친구와 같이 근처 안양여관에서 같이 있습니다

4월 16일 부터 20일 까지의 저의 행적은 잘 기억나지가 <u>않습니</u><u>다.</u> 그런데, 4월 18일로 생각이 드는데 왠 남자가 떡집 이모 남편이라고 전화가 와서 만나자고 하였는데 그날 몸이 아파 만나질 <u>못하였</u><u>습니다.</u>……

5. 진술에서 언급된 시간

a. 진술에서 언급된 객관적 시간(시계에 표시된 시간)에 밑줄을 치고, 그 시간을 여백에 기입해 둔다.
b. 추측하거나 계산을 해야 시간을 알게 되는 대목을 표시한다.

"진술에서 언급된 객관적 시간(objective time)은 해당 진술인의 개인적 언어에 좌우되지 않는 두 번째 요소입니다.

진술인이 '6시'라고 말할 때 그것은 우리에게도 '6시'가 되기 때문이지요. 그래서 객관적 시간은 주관적 현실(=진술)을 객관적 현실에 연결하는 유일한 것이기도 합니다.

그러므로 객관적 시간은 진술인이 서로 다른 연결 부분을 묘사하는 데 사용한 주관적 시간(subjective time)을 검토하게 하는 매개체

역할을 하기도 하지요.

　하루 24시간 가운데 사람이 보통 7~8시간을 잔다고 하면, 깨어 있는 나머지 시간은 하루의 3분의 2 정도가 되겠지요. 보통은 시간당 3줄 이상을 쓰지 않는다고 추측할 수 있을 겁니다.

　진술에 있어서 시간당 진술에 그 이상의 주관적 시간이 소요된다면 뭔가 의미 있는 일이 해당 진술인에게 일어났던 것이라고 볼 수 있습니다.

　만일 진술 내에 객관적 시간이 언급되지 않았다면, 진술서가 작성된 이후라도 그 척도가 되는 시간을 물어보는 것이 좋을 것입니다."

척도가 되는 시간
- 일어난 시각
- 아침을 먹은 시각
- 점심을 먹은 시각
- 저녁을 먹은 시각
- 잠자리에 든 시각

　"어떤 사람이 하루에 있었던 일을 기술하게 되면 대략 점심식사가 해당 진술의 1/3 지점에 있을 것이고, 저녁식사는 진술이 종료되기 전 1/3 지점에 있을 것으로 쉽게 예상할 수 있을 겁니다.

그런데 많은 범인들이 이야기 내에 범행 시각을 담고 있는 것은 흥미로운 일입니다. 이는 곧 진술에 어떤 객관적 시간이 언급되어 있다면, 이것이 범행 시점에 상응하는지 주의해야 한다는 것을 의미합니다. 만약 그렇다면 해당 진술인이 범죄를 저질렀을 상당한 개연성이 있다고 할 수 있지요.

물론 이와 반대로 객관적 시간이 '없어진 시간(missing time)'이 될 경우도 있습니다. 그러기에 우리는 우리 앞에 놓인 진술이 모두 사실이라 하더라도 해당 진술인이 범죄를 저질렀을 수 있겠는가라는 질문을 계속 해 봐야 합니다. 다시 말해 '없어진 시간'을 찾아야 하는 것이지요.

그리고 '없어진 시간'을 찾았다면, 그것이 범행시각과 일치하는지 다시 한 번 검토해 봐야 합니다."

…… 4월 13일에도 평소와 마찬가지로 오후 2시경 출근을 하였습니다. 그리고 그날밤인지 14일 밤인지 잘 기억은 나지 않지만 평소 자주 가던 포장마차에 이모소식이 궁금하여 찾아가보니 그 이모도 모른다고 했습니다. 오락실에서 평소 알고 지내던 준호 형을 만나

같이 오락을 하고 오락실에서 만나게된 형님들과 이런 저런 얘기를 하다 집으로 갔습니다. 그래서 포장마차에서 소주를 한 잔 한후 오락실에 들러 오락을 한 후 집으로 갔습니다.

4월 15일에는 일을 마치고 여자 친구와 같이 있었던 거 같습니다. 저는 자주 여자 친구와 같이 근처 안양여관에서 같이 있습니다.

4월 16일 부터 20일 까지의 저의 행적은 잘 기억나지가 않습니다. 그런데, 4월 18일로 생각이 드는데 웬 남자가 떡집 이모 남편이라고 전화가 와서 만나자고 하였는데 그날 몸이 아파 만나질 못하였습니다.……

→ 4월 15일은 날짜순으로 기재하면서 적은 것으로 볼 수도 있지만, '있었던 거 같습니다'와 같이 확신이 부족한 표현이 나오고, '같이 있습니다'와 같이 현재시제로의 변화가 이어지는 것, 그리고 뒤이어 4월 16일부터 20일까지의 행적이 기억나지 않는 것으로 볼 때 뭔가 기억이 나지만 말할 수 없는 사정이 있지 않은지 추적이 필요한 대목이다.

…… 9시 30분에 아침식사를 하고 10시 30분경에 집을 나섰다. 20분 정도를 걸어서 수영장에 도착. 11시쯤에 풀장 안에서 노는 것을 확인하고 카운터 앞에서 젖은 양말을 벗고 있는데 우리 가인이를 안고 안전요원이 왔고……

→ '9시 30분' '10시 30분경' '11시쯤'으로 객관적 시간이 적시되고 있지만, 여기서는 수영장에 도착한 시간과 딸 가인이와 마지막으로 헤어진 시간이 민감한 정보로서 이른바 '없어진 시간'이 된다. 그러므로 진술을 읽는 사람이 그 시간을 계산하고 추정하는 것이 불가

피하다.

6. 단어의 변화

a. 진술 전반에 걸쳐 진술인의 언어를 비교하고 그 일관성 여부를 살펴본다.
b. 하나의 진술은 무한하고 정해지지 아니한 변수를 가진 수학 방정식이다. 해당 진술인은
   자신의 언어에 일관성을 유지한다; x는 x이다, x는 y와 다르다.

"이쯤해서 다시 한 번 진실한 진술은 현실을 반영한다는 점을 상기해 봅시다.

가령 진술 내에 등장하는 인물에 대한 호칭이 그 인물과 진술인의 관계를 드러내 줄 수 있다는 것이지요. 같은 자식이라도 호, 불호에 따라 사용하는 단어가 달라질 수 있고 말이지요.

그런데 겉으로는 좋은 관계인 것처럼 진술하고 있는데, 진술 내에 사용된 단어로 보아 그렇지 않다고 해석된다면 뭔가 이상이 있다는 것을 알 수 있게 됩니다."

…… 세곡동에서 좀 오다가 <u>승현이</u>를 내려놓게 되었습니다. 무서

운 곳에 잠시 내려놓으면 그칠까 싶어 잠시 내려놓고 저는 그 자리를 피해 앞 쪽으로 30분쯤 기다리다 내려놓은 장소로 가보니 <u>아이</u>가 없어졌습니다.…… 아이를 찾아보다가 새벽 시간쯤 내려놓은 장소에 기다려 보다가 차를 몰고 분당 쪽으로 뱅뱅 돌면서 어떻게 해야 될 지 몰라 답답하기만 했고……

→ '승현'이가 '아이'로 변한 시점에서 어떠한 현실적 관계의 변화가 있었는지를 주목한다.

…… 무기고에 내려가서 <u>권총</u>에 탄창 있는지 없는지 여부를 확인하기 위해 내려갔다. 내려갈때는 사령부에 들려서 무기고 키를 가지고 와서 부대에서 내려갔고 전역자 <u>총기</u> 입고시키고 탄창있는지 없는지 여부를 확인하기 위해 이수형이랑 나랑 내려가 확인했다. 그때 수향이는 현황판도 고치고 있었고 나는 탄창안에든 <u>총기</u>에 탄창 있는지 없는지 확인해 봤다. 그리고 ……

→ '권총'→'총기'→'총기'의 변화에 어떤 의미가 있는지 주목해야 한다.

…… 약 10시경 집사람이 졸립다고 먼저 잔다고 했고, 저는 내일 개원준비로 조금 일이 있으니 먼저 <u>자라했습니다.</u>…… 반찬을 어떻게 할까 하니까 자기가 먹어야되니 그대로 <u>놔두라했습니다.</u>…… 이는 그 전날부터 서로 아침에 일찍 일어나서 두사람 고생하느니 제가 일찍 일어나 데워먹고 가기로 (전자렌지에) <u>약속을 했습니다.</u> ……

→ 똑같이 '했습니다'이지만 처음 두 번까지는 '-라 했습니다'의 형식이고 마지막은 '약속 했습니다'로 변한 것에 주의해야 한다. 그냥

진술분석

'—라고 한 것'과 '약속한 것'의 차이는 어디서 발생한 것인지 물어야 한다. 약속을 한 것으로 보아 사전에 그러한 문제에 대하여 이견이 발생했고, 그와 관련하여 서로 간에 뭔가 논의가 있었을 것이라고 추정할 수 있다. 이러한 논의가 진술에서 보이지 아니한다면 그 논의가 말할 수 없는 내용의 것인지를 따져 봐야 한다.

7. '순서에 벗어난(out of sequence)' 정보

a. 진술인에게 '무슨 일이 있었나요?'라고 물었을 때, 이 질문에 대한 답이 아닌 뭔가는 순서에 벗어난 것으로 간주된다.
b. 대표적인 것이 '왜 일어났는지'를 설명하는 것이다.

1) "왜 뭔가가 일어났는가(때문에, 바람에, 그래서)"

"우리가 진술인에게 '무슨 일이 있었나요?(What happened?)'와 같은 질문을 던졌을 때 진술인은 자신에게 무슨 일이 일어났는지에 관해서 개방적 진술을 통해 우리에게 알려 주게 됩니다.

그런데 무슨 일이 일어났는지가 아닌, 어떤 일이 '왜' 일어났는지를 설명하고 있다면 그것은 질문의 한계를 벗어난 것이 됩니다.

해당 진술은 오직 '어떤 일이 발생하였는지' 만 묘사해야 하는데, 이유를 설명하는 정보는 여기서 벗어난 것으로서 사건의 순서에 맞지 않는 것으로 간주됩니다. SCAN에서는 이렇게 순서에 벗어난 정보를 파란색으로 표시합니다."

2) 감정

"진술을 읽다 보면 감정 표현이 의도적인 것처럼 보이는 경우가 있습니다. 그러한 표현은 보통 적절한 타이밍보다 한 박자 늦게 나옵니다.

> ······ 비상 깜박이를 켜서 저희 흥분상태를 조심하라는 경고와 함께 달렸습니다. 신행주대교를 건너 신원당을 지나 서오능길로 달렸습니다······ 차를 전화박스로 돌기전에 세워놓고 뛰어 올라가면서 들으니 어디선가 우는 소리가 들려 기분이 이상했습니다. 경비원실을 보니 평소 있던 사람이 아닌 두사람이 있었습니다. 엘리베이터를 타고 올라가보니 장모님이 울고 계셨습니다. 사람이 죽었다는 것이었습니다. 방으로 현관을 지나 들어가려고 하니 제지를 당했습니다. 저는 현관문을 치면서 또 도대체 어떻게 된거냐고 했습니다. 그러던 중에 제가 주저앉아 제 왼손으로 제 오른 팔꿈치 근처를 쥐었습니다. 도저히 믿기지 않았습니다.······

…… 그기가니까 검정색 무쏘 차가 한대서있고 사람 셋이서 오드
라고요. 그리서 처음에도 차량 창문만 열고 내리려 하는데 문을 열
드라고 그기서 내리는대 어심없이 제 어깨를 잡고 상대의 무릅으로
제 배를 두 번강타하 당하고 저는 그 자리에 꼬꾸라 지고 있는대 발
꿈치로 제 어깨를 강타해서 그야말로 고함한번 지르지 못하고 대굴
대굴 구르고 있었읍니다. 그때 미자도 뚜디러 맞는지 고함을 지르고
욕을 하드군요. <u>저도 일어나지 못하고 그 자리에 있을수 박에 없읍</u>
<u>니다.</u> 그렇게 한바탕 소란을 피우고 나니 미자는 무쏘차로 대리 가
고 그때 까지 <u>저는 꼼짝도 못하고 있었읍니다.</u> 제 전화라도 가저 갔
으면 전화라도 할수 있었지만 전화기도 큰 차에 나두고 갔읍니다.
그렇게 20~30분 쯤 지나서야 저는 일어섰읍니다……

→ 진술인은 자신과 이미자가 괴한으로부터 습격을 받아 고함 한 번
   못 지르고 구타당하는 장면을 진술하고 있으나, 그 상황에 대한 감
   정 표현이 빈약함을 알 수 있다. 폭행의 주체가 누구인지 알 수 없
   으며, 이미자는 비명을 질러야 할 대목에서 '욕을 하는' 것으로 묘
   사하고 있는 장면도 흥미롭다.

3) "무엇이 일어나지 않았나"

"진술인이 진술에서 '…… ……이 일어나지 않았다(안 했다 didn't,
않았다 wasn't)'고 말할 때 이러한 진술 역시 질문의 한계를 벗어난
것이라고 할 수 있습니다.

진술은 원칙적으로 '무슨 일이 있었는지'에 대하여 묘사해야 하는데 무슨 일이 없었다는 언급은 순서를 벗어난 정보가 되기 때문이지요.

SCAN에서는 이런 정보를 노란색으로 칠해서 '무슨 일이 일어나지 않았음'을 표시합니다."

…… 저는 2008년 6월 10일인지 11인지 그날이 일요일 이었읍니다. 일요일 토요일 저녁에 김해시 생림면 소재 생림공단입구에서 6시에 만나기로 했는데 제가 조금 늦게 약 30~40분정도 느깨사 나가는 바람에 만나지 못했읍니다. …… 그래서 이미자씨 승용차 운전석 자리에 타고서 의자를 뒤로 재친채 한참 약 30분 정도는 족히 있었는대 오지 않아서 그냥 집으로 왔읍니다……

…… 4월 11일 제가 이모에게 빌린 돈을 주기로 하였습니다. 그날 제가 오후 2시에 출근을 하니 이모가 저의 매장에 있었습니다. 그래서 이모에게 오늘밤에 만나기로 하였습니다. 4월 11일 24:00경 이모에게 전화가 와서 제가 한 두시간 후 다시 연락한다고 한 후 4월 12일 02:00경…… 30~40분후 C동 닭갈비집 앞에서 만나기로 통화가 되었습니다. 그런데, 제가 만나기로 한 시간 보다 5~10분 정도 늦게 가보니 이모가 보이지 않아 차에서 기다리던 중 깜박 잠이 들어 깨어 보니 날이 밝아서 근처 E여관에서 잠시 잠을 잔 후 산내 누나

집으로 옷을 갈아입기 위해서 갔습니다. 그시간은 8:00~9:00경 사이 였습니다 ……

4) 납득이 안 되는 정보

"만일 진술인이 쓴 어떤 문장을 이해할 수 없다면 처음에는 일단 무시해야 합니다.

그렇지만 이해할 수 없는 그 문장이 진술인에게는 너무나 민감한 대목으로서 있는 그대로를 말하기 어려웠기 때문에 그렇게 보이게 되었다는 것을 고려한다면, 그 중요성을 간과해서는 안 됩니다."

　…… 그래서 일요일날 몇번을 가보고 해도 차가 그 자리에 서있 글래…… <u>제가 나쁜 짓을 한것처럼 여겨 졌습니다.</u> 그래서 일요일 날 일 마치고 저녁 일곱시나 되어서 경남 김해시 삼방동 신어산 올라가는 입구 가든에서 동생들이랑 술먹고 있다가 <u>저 자신도 모르게 겁도나고 그 차에 들어간 게 죄가 되어서</u> 저녁 7~8시 사이에 그술 자리를 빠져나와서 이미자 씨가 있는 차로 가보니 역시 키가 꼽힌채로 그 자리에 있어서 <u>저 자신도 모르게 겁이나고</u> 해서 그차를 경남 삼랑진 읍내에 있는 큰도로 변에 차남바를 뛰어서 버리고 택시를 타고 김해로 넘어와서……

······ 시체없는 살인도 받아준다면 제가 죽였다고 시인하겠읍니다. 이제는 변명도 해명도 하기싫고 조용히 형 받고 살고 싶습니다. 저도 이제는 하루하루가 지칩니다. 아래 두 번째 반장님께 조서받는 날 진실되게 이야기를 할려고 마음을 먹었는대 반장님께서 워낙 욕을 하면서 강하게 나오는 바람에 사실대로 못하고 검사님께 가서 사실대로 이야기 하고 사형이라도 받고 싶었던 심정입니다······

······ 김가인이가 수영장에서 엄마가 주는 음식을 먹었다라는 것을 같이 수영한 딸 가희와 조카 초롱이가 듣고 진술하면 내가 한 범행으로 인정하겠다······

5) 양면적(ambivalent) 문장

"양면적 문장도 진술분석에서는 중요한 부분입니다. 이는 해당 진술인이 읽거나 듣는 사람에게 응답 또는 설명을 요구하는 것처럼 보이는 문장을 말합니다.

이런 양면적 문장이 나오면 진술을 분석하는 사람은 이것이 과연 진술의 일부인지, 아니면 진짜로 질문을 던지고 있는 것인지를 살펴봐야 합니다.

진술인이 구두로 진술을 하다가 갑자기 '실례합니다. 계속할까요?'와 같이 말하는 경우에서처럼 진술에 존재하는 어떠한 질문이라도 이 범주에 들어간다고 보면 됩니다."

…… 나는 일어나서 식당을 가로 질러 부엌에 있는 냉장고로 걸어 갔다. 그리고 우유컵을 들었다. <u>이제 당신이 알고 싶은 것이 뭐요</u>……

8. '중요하지 않은(unimportant)' 정보

a. 진술을 읽는 사람에게 '중요하지 않은' 것처럼 보이는 정보가 두 배로 중요할 수 있다.

b. 진술인이 굳이 이 부분을 진술서에 써야만 했을까를 질문한다.

두 배로 중요할 수 있는 '중요하지 않은' 내용들

- "…… 이를 닦았다……"
- "…… 잘 가/ 잘 자 라고 했다"
- "…… 불을 켰다/껐다……"
- "…… 옷을 벗었다……"

"거듭 되풀이되지만, 진술인이 말하는 모든 것은 의미를 갖고 있으며, 그런 의미에서 모든 단어가 중요하다는 말을 되새겨야 합니다.

특정한 단어나 문장을 생산해 내는 무언가가 그 마음속에 있음을 알아야 한다는 것이지요. 그러므로 우리는 이미 살펴본 네 가지 기본적 질문을 해 봐야 합니다.

네 가지 기본적 질문
a. 진술인은 왜 그것을 말했을까?
b. 진술인은 왜 그것을, 이런 식으로 말했을까?
c. 진술인은 왜 그것을, 이런 식으로, 해당 진술의 이 지점에서 말했을까?
d. 진술인은 왜 이만큼의 주관적 시간을 사용했을까?

이런 질문을 가지고 진술 전체를 검토할 때, 서둘러 답을 내려고 해서는 안 됩니다. 만약 기본적 질문에 답을 낼 수 없다면 보다 많은 정보가 필요하겠지요. 그렇게 필요한 정보를 추가로 요구하는 것을 진술을 개발한다고 하는데, 수사팀이 진술서 1이 빈약하다고 판단하고 진술서 2를 추가로 받는 것입니다."

제4장
SCAN 기법의 적용,
두 편의 진술서에 대한 미시분석

"이제 우리가 갖고 있는 두 편의 진술서를 SCAN 기법을 적용하여 분석해 보기로 합시다. 일단은 진술서를 복사해서 그곳에 색깔로 표시를 하면서 차근차근 따져 보는 것이 좋겠지요."

1. 진술에서 언급된 사람

a. 진술에서 사람이 언급될 때마다 해당 단어나 이름에 밑줄을 친다. 색깔을 사용할 때는 녹색으로 표시한다.

b. 여기서 '사람'이라 함은 문자 그대로 '사람'만을 의미하는 것은 아니다. 예컨대, 이미

자, 집사람, 남편, 회사, 소집단 등의 단어가 모두 해당된다.

…… 저는 2008년 6월 10일인지 11일인지 그날이 일요일이었읍니다. 일요일 토요일 저녁에 김해시 생림면 소재 생림공단입구에서 6시에 만나기로 했는데 제가 조금 늦게 약 30~40분정도 느깨사 나가는 바람에 만나지 못했습니다. 그 당시에 이미자 씨의 차 앞쪽이 김해쪽으로 서 있었습니다……

그래서 이미자씨 승용차 운전석 자리에 타고서 의자를 뒤로 재친채 한참 약 30분 정도는 족히 있었는대 오지 않아서 그냥 집으로 왔읍니다.

…… 6월 초에 이미자 씨한태 돈 사백만원 빌린적은 있읍니다.……

…… 그래서 일요일날 일 마치고 저녁 일곱시나 되어서 경남 김해시 삼방동 신어산 올라가는 입구 가든에서 동생들이랑 술먹고 있다가 저 자신도 모르게 겁도나고 그 차에 드러간게 죄가 되어서 저녁 7~8시 사이에 그술자리를 빠져나와서 이미자 씨가 있는 차고 가보니…… 그 이튿날 김해경찰서 형사분들게 조서를 받았습니다.

…… 6월 25일 넘어서 울산으로 내려와 …… 회집을 서울 동생동생에게 팔백만원을 빌려 달라해가지고 그 회집을 인수해서 …… 11월 20일 넘어서 그 회집을 다른 사람에게 사백만원에 처분하고 집에 있다가 붓들렸읍니다……

(진술서 1)

…… 그때 잠시 저의 덤프트럭에 박힌 돌을 빼내고 제차를 세워 놓고 이 미자 차를 타고……

…… 그때 미자도 뚜디러 맞는지 고함을 지르고 욕을 하드군요. 저도 일어나지 못하고 그 자리에 있을 수 박에 없읍니다. 그렇게 한 바탕 소란을 피우고 나니 미자는 무쏘차로 대리 가고 그때 까지 저는 꼼짝도 못하고 있었읍니다.

(진술서 2)

1) 사회적 소개

수사관 Y는 진술서 1에 나타난 사람에 대하여 녹색으로 표시를 해 보았다. 이 진술서에서 등장하는 인물은 이미자와 동생, 서울 동생, 그리고 형사가 전부였다. 가장 중요한 등장인물인 '이미자'는 줄곧 '이미자 씨'라는 경칭으로 호칭되고 있었다.

그런데 '이미자 씨'가 처음 등장하는 것은 이미자라는 사람이 아닌 차를 설명하기 위해, 즉 차 주인으로서였다. 이미자가 차가 아닌 사람으로 제대로 등장하는 것은 진술인이 6월 초에 돈 400만 원을 빌린 일을 설명하는 부분에서였다.

결국 진술서 1에서는 이미자에 대한 사회적 소개가 누락되어 있음을 확인할 수 있었다. 진술서상 이미자가 처음 소개되어야 했을 지점은 '생림공단 입구에서 6시에 만나기로 했는데'라고 쓴 부분 정도가 적당했을 것이다.

진술인이 만나기로 한 당사자가 바로 '이미자'라면, 그 대목에서 이미자가 누구인지 먼저 소개를 하고, 그녀를 만나기로 했다는 말을 하는 것이 순서일 것이다.

그렇게 하지 못한 진술인의 내면적 계기는 과연 무엇이었을까?

2) 호칭의 변화

이미자에 대한 호칭의 변화는 진술서 2에 가서야 비로소 발견되 었다. 진술서 1의 '이미자 씨의 차'에서 '이 미자 차'로 바뀌더니 "그때 미자도 뚜드러 맞는지 고함을 지르고 욕을 하드군요." 하는 문장과 이어 "그렇게 한바탕 소란을 피우고 나니 미자는 무쏘차로 대리 가고" 하는 문장에서 '이미자 씨'는 '미자'로까지 바뀌었다.

'이미자 씨'는 일정한 거리가 있는 격의 있는 호칭인 반면 '미자' 는 친구처럼 친숙한 관계를 나타낸다. 진술서 1에 비해 진술서 2에 서 이 같은 호칭의 변화가 발생한 원인은 무엇일까? 진술서 1에서는 왜 진술서 2에서처럼 '미자'라는 친숙한 호칭이 등장하지 못하였을까?

2. 대명사

수사관 Y는 대명사에 동그라미를 쳐보려고 찾아보았으나, 진술서 1, 2 모두에서 1인칭 대명사 '저'와 '제' 이외에 특별한 것을 찾기는 어려웠다.

그리고 보니 '우리'라는 표현도 전혀 사용되지 않고 있었다. 앞서 '호칭의 변화'에서 살펴보았듯이 진술인이 이미자를 '미자'로 호칭할 정도로 친밀한 관계에 있었다면, 적절한 대목에서 '우리'라는 표현이 나올 법도 한데 말이다.

3. 연결 어구

a. 접속사를 포함하여 두 문장을 연결하는 모든 연결 어구에 밑줄을 친다.
b. 불필요한 연결 어구가 있는지 주의한다.

······ 저는 2008년 6월 10일인지 11일인지 그날이 일요일 이었읍니다. 일요일 토요일 저녁에 김해시 생림면 소재 생림공단입구에서 6시에 만나기로 했는데 제가 조금 늦게 약 30~40분정도 느깨사 나가는 바람에 만나지 못했읍니다. 그 당시에 이미자 씨의 차 앞쪽이 김해쪽으로 서 있었습니다. 제 큰차 덤프 트럭을 세워놓고 차에 갔드니 차동차 키는 꼽힌채로 있었읍니다.······ 그래서 이미자씨 승용차 운전석 자리에 타고서 의자를 뒤로 재친채 한참 한 30분 정도는 족히 있었는대 오지 않아서 그냥 집으로 왔읍니다. 그날 저녁에는 비바람과 천둥이 치는 바람에 꼼짝도 못하고 있었읍니다. 그 이튿날 일을하면서 또 그 자리에 갓드니 이 미자 씨의 승용차가 앞부분이 김해 쪽으로 있는게 아니라 그 반대로 서 있었읍니다. 역시 승용차 키도 꼽혀 있었읍니다. 일하면서 세 번을 가바도 차는 그 자리에 키가 꼽혀 있었읍니다. ······

······ 그래서 일요일날 몇번을 가보고 해도 차가 그 자리에 서있글래

······ 그래서 일요일날 일 마치고 저녁 일곱시나 되어서 경남 김해시 삼방동 신어산 올라가는 입구 가든에서 ······

(진술서 1)

······ 그때 잠시 저의 덤프트럭에 박힌 돌을 빼내고 제차를 세워놓고 이 미자 차를 타고 생림 쪽으로 가서 생림 농협에 돈을 찾았습니다······

······ 둘이서 차를 타고 갔습니다. 그기가니까 어둠이 살짝 깔렸

옵니다. 여덟시 못댔읍니다. 방천 뚝으로 약 1km 정도 가니까 방천 뚝 위가 무척 넓드라고요. 그기가니까 검정색 무쏘 차가 한대서있고 사람 셋이서 오드라고요……

수사관 Y는 이번에는 연결 어구에 색깔 표시를 해 보았으나 여전히 특별한 이상을 발견할 수는 없었다. 그때 연결 어구에 대하여 J검사가 설명한 대목이 떠올랐다.

J검사는 우리가 진술서를 읽을 때, 무심히 읽으면 별로 문제되는 점이 없어 보이는데, 그 이유는 우리가 일반적으로 글을 읽을 때 이미 알고 있는 지식을 동원하거나 현실을 고려하면서 임의로 보충하여 읽기 때문이라고 했다. 그러나 진술분석을 하고자 하는 사람은 진술을 있는 그대로 바라보고, 오직 해당 진술 내에서 무슨 일이 일어났는지, 진술인이 사건 내지 상황을 묘사하는 데 사용한 단어나 어휘가 무엇인지에 각별한 주의를 기울이는 자세가 요구된다고 했었다.

그런 설명들을 되새기고 나자 희미하게나마 연결 어구의 문제점이 보이기 시작했다. 즉, 진술인은 이미자와 만나기로 했으나 만나지 못한 일에 대해서 '그 당시에'라고만 할 뿐, 그 시각을 정확히 말하고 있지 않았다. 물론 우리는 진술인의 진술에 의해 그 시각이 6시

30분 내지 40분이 된다는 것을 알 수 있지만, 그것은 우리의 계산에 의한 것일 뿐, '그 당시에'가 구체적으로 지칭하는 시간 자체는 말하지 않고 있음을 주목해야 하는 것이다.

　'제 큰차 덤프 트럭을 세워놓고 차에 갔드니 차동차 키는 꼽힌채로 있었읍니다. 그래서 이미자씨 승용차 운전석 자리에 타고서 의자를 뒤로 재친채 한참 약 30분 정도는 족히 있었는대……'라는 문장의 '그래서'는 그야말로 그 사용에 무리가 없어 보였다. 이미자와 만나기로 하고 나갔는데 이미자 본인은 없고, 차만 있는 상황이다. 그래서 그 차에 타고 앉아 기다렸다는 것은 자연스러운 표현으로 보인다. 그러나 진술인은 이 부분에 이르기까지 이미자를 아는 사람이라고 아직 말한 적이 없다. '이미자 씨'라고 다소 거리를 둔 호칭만 사용하고 있을 뿐이다. 그런데도 이미자의 차 운전석에 앉아 기다렸다는 것은 그 자체로 납득하기 어렵다고 할 수 있다.

　이 상황에서 차가 서 있는 것을 발견하였다면 진술인은 차 주변 어딘가에 이미자가 있는지 찾아보거나 '곧 오겠지' 하는 심정으로 기다려 보는 게 순서였을 것이다. 여기서 등장하는 연결 어구 '그래서' 이하는 결국 이미자의 차에 타게 된 사정을 설명해야만 하는 내면의 이유 때문에 나타난 진술로 볼 수 있을 것이다.

마찬가지로 '그래서 일요일 날 몇 번을 가보고 해도 차가 그 자리에 서있길래' 라는 문장의 연결 어구 역시 진술서의 내용만으로는 진술인이 왜 그곳에 다시 가봐야 하는지를 설명하지 못하고 있다. 그러므로 이 진술서를 대하는 사람은 누구나 뭔가 어색하다고 느낄 만한 대목으로서 그 이유가 어디에 있는지를 생각해 봐야 할 지점이었다.

진술서 2의 '거기가니까' 는 J검사가 이미 설명한 대로 그 자체가 불필요한 연결 어구인데다 거듭 반복되는 모습을 보이고 있었다. 불필요한 연결 어구는 진술인이 진술에서 의도적으로 배제하려는 정보를 대치하기 위해 나타나는 것일 수 있다는 설명이 이해가 가는 부분이었다.

4. 시제의 변화

······ 6월 10일 토요일 저녁 부산에서 일마치고 김해시 생림면 나전리에서 6시에 만나기로 했는대 조금 늦은 것은 <u>사실입니다</u>······
······ 돈을 을마나 뺏는지는 <u>모른니다.</u>······
······ 방천 뚝으로 약 1 km 정도 가니까 방천 뚝 위가 무척 넓드라고요. 그기가니까 검정색 무쏘 차가 한대서있고 사람 셋이서 오드

라고요. 그리서 처음에도 차량 창문만 열고 내리려 하는데 문을 열 드라고 그기거 내리는대 어심없이 제 어깨를 잡고 상대의 무릎으로 제 배를 두 번 강타하 당하고 저는 그 자리에 꼬꾸라 지고 있는대 발꿈치를 제 어깨를 강타해서 그야말로 고함한번 지르지 못하고 대굴대굴 구르고 있었읍니다. 그때 미자도 뚜디러 맞는지 고함을 지르고 욕을 하드군요. 저도 일어나지도 못하고 그 자리에 있을 수 박에 없읍니다. 그렇게 한바탕 소란을 피우고 나니 미자는 무쏘차로 대리가고 그때 까지 저는 꼼짝도 못하고 있었읍니다. ……

(진술서 2)

수사관 Y는 시제 변화가 나타나는 부분들을 색깔로 표시하면서 '사실입니다' 와 '모른(릅)니다' 와 같은 부분은 진술서를 작성하는 시점을 기준으로 서술한 것이기 때문에 현재형으로 쓰더라도 별 문제가 없어 보인다고 생각했다.

그런데 진술인이 방천 뚝으로 간 이후의 사건을 묘사하면서부터는 갑자기 문장의 말미가 '하더라고요' 체로 바뀌고 있는 것이 특징적이었다. 수사관 Y로서는 갑자기 어투가 바뀌는 현상이 진술인이 과거의 장면으로 몰입하여 주관적 현재 시점에서 묘사하기 때문에 나타나는 것인지, 아니면 현재 머릿속으로 만들어 내고 있는 장면을 묘사하고 있는 탓에 나타나는 것인지 아직 알 수가 없었다.

그래서 J검사에게 해당 부분을 제시하고, 그러한 변화를 포함하여 방천 둑에서의 사건 전체의 진술이 이상하게 보이는 이유를 물었다. J검사는 진술 자체로 보면 어느 쪽이나 가능해 보인다는 말로 말문을 열었다.

"그런데 좀 더 자세히 살펴보면, 우선 '-가니까'가 세 번씩이나 반복되고 나서 정체를 알 수 없는 괴한들로부터 자신과 이미자가 습격을 당했다는 대목으로 넘어가는 것을 알 수 있습니다. 그런데 그렇게 습격당하는 장면에서 상대방의 정체를 우리는 전혀 알 수가 없고, 행위 분담에 대한 묘사 역시 구체성이 부족해서 과연 실제로 이런 일이 있었을까를 의심할 수밖에 없게 되지요.

또한 자신과 이미자가 괴한들로부터 폭행을 당하는 급박한 상황을 묘사하면서 '그야말로 고함 한번 지르지 못하고' '미자도 뚜디러 맞는지 고함을 지르고 욕을 하드군요.' 라는 라는 등의 표현을 하고 있습니다. 여기서 '고함'이라는 표현이 적절한가는 따져 보아야 합니다. '고함'보다는 '비명'이라고 해야 할 대목이기 때문이지요. '고함을 지르고 욕을 하드군요' 라는 표현은 차라리 '반항을 하면서 비명을 질러야' 정도가 되어야 적당할 것입니다. 따라서 구체적인 사항에 있어서 부적절하고 어색한 진술이라는 것을 알 수 있습니다.

그러므로 다음에 이어지는 '저도 일어나지도 못하고 그 자리에 있을 수 박에 없습니다'에서 '없습니다'의 시제 변화는 의미심장한 것입니다. 또 '그렇게 한바탕 소란을 피우고 나니'라는 진술도 이상한 표현이긴 마찬가지입니다. 그렇게 괴한들로부터 갑작스럽고 이해할 수 없는 폭행을 당한 것이 피해자 입장에서 '한바탕 소란'에 불과한 것일까요?"

수사관 Y는 부적절한 묘사 속에서 시제가 변화하는 경우가 드러나는 데 대한 그 정도 설명을 듣고 나니 왜 그 대목이 전체적으로 이상해 보이는지 상당부분 수긍이 갔다.

5. 진술에서 언급된 시간

a. 진술에서 언급된 객관적 시간(시계에 표시된 시간)에 밑줄을 치고, 그 시간을 여백에 기입해 둔다.
b. 추측하거나 계산을 해야 시간을 알게 되는 대목을 표시한다.

　　…… 저는 <u>2008년 6월 10일인지 11일인지</u> 그날이 일요일 이었읍니다. 일요일 토요일 저녁에 김해시 생림면 소재 생림공단입구에서 <u>6시</u>에 만나기로 했는데 제가 조금 늦게 <u>약 30~40분정도</u> 느께사 나가는 바람에 만나지 못했습니다.……

…… 그래서 이미자씨 승용차 운전석 자리에 타고서 의자를 뒤로 재친채 한참 한 30분 정도는 족히 있었는대 오지 않아서 그냥 집으로 왔읍니다.……

…… 6월 초에 이미자씨 한태 돈 사백만원 빌린적은 있읍니다.……

…… 그래서 일요일날 일 마치고 저녁 일곱시나 되어서 경남 김해시 삼방동 신어산 올라가는 입구 가든에서 동생들이랑 술먹고 있다가 저 자신도 모르게 겁도나고 그 차에 드러간게 죄가 되어서 저녁 7~8시 사이에 그술자리를 빠져나와서 이미자 씨가 있는 차고 가보니 역시 키가 꼽힌채로 ……

…… 6월 20일 쯤 까지도 부산 온천장 찜질방으로……

…… 6월 25일 넘어서 울산으로 내려와……

…… 2008년 11월 20일까지 회집을 운영 해오면서

…… 11월 20일 넘어서 그 회집을 다른 사람에게 사백만원에 처분하고 집에 있다가 붓들렸읍니다.……

(진술서 1)

…… 6월 10일 토요일 저녁 부산에서 일마치고 김해시 생림면 나전리에서 6시에 만나기로 했는대 조금 늦은 것은 사실입니다. 6시라는 시간은 넘어서고……

…… 그기가니까 어둠이 살짝 깔렸읍니다. 여덜시 못됐읍니다.……

…… 제 전화라도 가저 갔으면 전화라도 할수 있었지만 전화기도

큰 차에 나두고 갔읍니다. 그렇게 20~30분 쯤 지나서야 저는 일어섰읍니다. 하지만 너무 맞아 꼼짝도 못하고 운전석 차량에 엉금 엉금 기어가다 싶히 해서 올라 안자 딸 눈물 범벅이 되어서 똑바로 눕지도 못하고 옆으로 기대어서 누어 있었읍니다. 그러다 보니까 제 추측으로 9시는 조금 쯤 되었을 겁니다. 하늘에서는 비, 번개 그야말로 양동이로 붓듯이 퍼어붓고 번개는 칼로 표현 못할 정도로 치길레 차에 있었읍니다. 그당시에 제가 신고만 했드라도 제가 이렇게 도망자 신세도 안되고 제 가정도 파탄이 안 낫쓸 텐대 신고 못한게 제가 되었읍니다.

…… 그기서 근 11시 반쯤 넘어쓸까 모르겠읍니다. 11시에는 정확한 시간을 보았는대 그뒤시간은 정확하게 못보고 왔읍니다.……

…… 그래 와서 나전 삼거리 차 세워놓았든 곳에 차를 세워놓고 저는 저대로 왔읍니다. 나중에 와서 차를 몰고가겠지 생각하고 차키를 꽂아 놓은채 왔읍니다. 걱정이 되어 밤새도록 잠도못자고 아침에 일하러 나가서 먼저 그곳부터 가보았읍니다.……

(진술서 2)

수사관 Y는 진술서 1, 2에 나오는 객관적 시간을 표시해 보았다.

두 진술서에 공통적으로 적시된 시간은 '6월 10일 6시'가 유일했다. 이외에 언급된 객관적 시간으로는 진술서 1의 '6월 11일 7시 내지 7~8시'와 진술서 2의 '6월 10일 8시, 9시, 11시, 11시 반'이 눈에 띄었다. 진술서 2는 진술서 1을 보충한 것으로서 6월 10일의 행적에 관해서 추가적으로 기재되어 있고, 그에 따라서 '6월 10일 8시, 9시, 11시, 11시 반'의 객관적 시간이 새로 들어가 있었다.

그런데 진술서 2에서 '9시'와 '11시 반'은 진술인이 추측한 시간일 뿐이고, '8시'와 '11시'만이 진술인이 기억한 시간으로 나타났다. '8시'는 진술인이 방천 둑에 도착한 시간으로 규정하고 있는 데 비해 '11시'를 정확히 기억하는 것에 대하여는 별다른 설명이 없었다. 그렇다면 11시에는 무슨 일이 있었기에 진술인이 시간을 스스로 정확히 기억해야만 했을까라는 문제가 떠올랐다.

결국 수사관 Y는 이 두 편의 진술서에서 가장 의미 있는 시간대는 '6월 10일 오후 8시'와 '11시'일 수밖에 없다고 추측했다. 그렇다면 이 '8시'와 '11시'에는 각각 무슨 일이 있었는지, 그러니까 Sapir가 말했듯이 이것이 범행 시각과 연관되어 있는 것은 아닌지가 궁금하지 않을 수 없었다.

이제 수사관 Y로서는 진술인이 의식적으로 회피하고 있는 '없어진 시간(missing time)'을 찾아보아야 하는 것이 순서였다.

우선 진술서 1에서 무엇보다 눈에 띄는 것은 진술인이 6월 10일

6시에 만나기로 했는데, 약 30∼40분 정도 늦게 나가는 바람에 만나지 못했다고 설명하면서도 정작 그 구체적인 도착 시각에 대해서는 말하지 않고 있는 대목이었다. 그런데 만약 이 도착 시각이 바로 이미자를 만난 시간이었다면, 이것을 못 만난 것으로 은폐하다 보니 이 시각의 기재를 의식적으로 회피하게 된 것으로 추론해 볼 수 있었다.

실제로 진술서 2에서 '밀양 시내 가서 밥 먹고 가자고 하는 걸 어두워지면 차 못 보니까 그냥 가자하고 갔습니다' 라는 진술을 통해 드러나듯이 진술인과 진술서상 실체로 등장한 바 없는 이미자(?)가 서로 대화를 주고받는 것을 볼 때, 결국 진술인이 이미자를 만났기에 그 시각을 제대로 기재하지 못한 것이라는 해석이 충분히 가능하였다.

마지막으로 수사관 Y는 두 진술서에 나타난 객관적 시간과 주관적 시간을 비교, 정리해 보았다.

진술서 1의 경우는 객관적 시간이 워낙 누락되어 있고, 시간 간격도 상당히 커서 그 비교가 어떤 의미가 있을는지 의문이 들기는 하였다. 그렇지만 결과적으로 2008년 6월 10일과 11일 행적이 주관적 시간을 많이 사용한 시간대로 파악되었다.

진술서 2에서는 보다 구체적으로 2008년 6월 10일 오후 8~9시 사이가 시간당 17줄을 사용하여 가장 길었고, 6~8시 사이는 시간당 6줄, 9~11시 30분 사이는 시간당 4.4줄로 나타났다. 여기서도 2008년 6월 10일 오후 8~9시경이 그 진술에 있어서 주관적 시간이 가장 많이 사용된 시간대로서, 진실한 진술은 주관적 시간이 객관적 시간에 상응한다는 가정에 어긋난다고 할 수 있다.

객관적 시간	주관적 시간
······ 2008년 6월 10일 오후 6시~11일 오후 7시	1 8 줄 (시 간 당 0.78줄)
······ 6월 11일 7시~6월 12일(이튿날)	8줄
······ 6월 12일(이튿날)~6월 20일	4줄
······ 6월 20일~6월 25일	2줄
······ 6월 25일~11월 20일	3줄
······ 11월 20일~	2줄
	(진술서 1)

객관적 시간	주관적 시간
······ 6월 10일 오후 6시~8시	12줄(시간당 6줄)
오후 8시~9시	17줄(시간당 17줄)
······ 오후 9시~11시 30분	11줄(시간당 4.4줄)
······ 오후 11시 30분~	3줄
······ 6월 11일 오전~	17줄(시간당 계산 불가)
	(진술서 2)

6. 단어의 변화

a. 진술 전반에 걸쳐 진술인의 언어를 비교하고 그 일관성 여부를 살펴본다.

b. 하나의 진술은 무한하고 정해지지 아니한 변수를 가진 수학 방정식이다. 해당 진술인은 자신의 언어에 일관성을 유지한다; x는 x이다, x는 y와 다르다.

      …… 이미자 씨의 차 → 차 → 이미자씨 승용차 → 이미자 씨의 승용차 → 차 → 차 → 그 차 → 이미자 씨가 있는 차 → 그 차……

      …… 이미자 씨 → 이미자씨 → 이미자씨 → 이미자씨 → 이미자 씨……

      …… 현금 → 돈 → 돈 → 사백……   (진술서 1)

      …… 이미자 차 → 차 → 차량 → 차 → 차 → 차 → 차……

      …… 이미자 → 미자 → 미자 → 미자……

      …… 돈 → 돈 ……   (진술서 2)

수사관 Y는 진술서 1, 2에 나타나는 단어의 변화를 검토해 보았다. 변화를 보이는 주요 단어로는 이미자의 차, 이미자의 호칭, 돈에 대한 것을 찾을 수 있었다.

즉, 이미자의 차에 대해서는 '이미자 씨의 차→이미자 씨 승용차

→차→그차→이미자 씨가 있는 차→그차' 정도의 변화로 정리되었는데, '차'가 '승용차'로, 다시 '차' 또는 '그 차'로 변한 데 대해서 특별한 의미를 두기는 어려웠다. 다만 '이미자 씨 승용차'나 '차'가 아닌, '이미자 씨가 있는 차'라는 유의미한 실수(?)를 발견한 것이 큰 수확이었다.

또한 이미자라는 인물의 호칭에 있어서는 진술서 1에서는 줄곧 '이미자 씨'라는 경칭으로 표현했던 것과 달리 진술서 2에서는 '이미자'와 '미자'가 사용되었다. 그런데 진술서 2의 '10년 친구를 찾았쓰야 하는대 못찾은게 제가 되었읍니다'라는 진술에서의 '10년 친구'가 바로 이미자를 의미하는 것으로 볼 때, 가까운 사이임을 드러내는 '미자'라는 호칭이 비교적 적정한 표현이라 할 수 있었다. 그러므로 진술서 1에서는 왜 '10년 친구'인 이미자를 별다른 사회적 소개도 없이 지속적으로 거리를 두고 호칭해야만 했는지 되짚어 볼 문제였다.

7. '순서에 벗어난' 정보

a. 진술인에게 '무슨 일이 있었나요?'라고 물었을 때, 이 질문에 대한 답이 아닌 뭔가는 순서에 벗어난 것으로 간주된다.

b. 대표적인 것이 '왜 일어났는지'를 설명하는 것이다.

　　…… 저는 2008년 6월 10일인지 11일인지 그날이 일요일 이었읍니다. 일요일 토요일 저녁에 김해시 생림면 소재 생림공단입구에서 6시에 만나기로 했는데 <u>제가 조금 늦게 약 30~40분정도 느깨사 나가는 바람에 만나지 못했읍니다.</u>……

　　…… 그날 저녁에는 <u>비바람과 천둥이 처는 바람에</u> 꼼짝도 못하고 있었읍니다……

1) "왜 뭔가가 일어났는가(때문에, 바람에, 그래서)" + "무엇이 일어나지 않았나"

수사관 Y는 진술서 1의 경우, 아무 문제가 없어 보이는 두 번째 문장이야말로 대표적으로 '순서에 벗어난' 정보임을 즉시 깨달았다.

그것은 우리가 진술인에게 던진 질문은 "무슨 일이 있었나요? (What happened?)"였는데, 진술인이 무슨 일이 일어났는지가 아닌 어떤 일이 '왜' 일어났는지(why happened?)를 설명한다면 이는 질문의 한계를 벗어난 것이 되며, 그러한 정보는 사건의 순서에 맞지 않는 것으로 간주된다는 J검사의 설명과 직결되는 진술이기 때문이었다.

뿐만 아니라 이 문장은 진술인은 무슨 일이 있었는가만을 말해야 하는데, '무엇이 일어나지 않았다.'(안 했다 didn't, 않았다 wasn't)고 말함으로써 역시 질문의 한계를 벗어나는 모습을 보여 주기 때문에 순서에 어긋난 정보로 간주되었다.

그리고 보니 같은 날 저녁의 행적에 관하여 언급한 '비바람과 천둥이 치는 바람에 꼼짝도 못하고 있었습니다' 라는 문장도 마찬가지로 '무엇이 일어나지 않았다' 의 형식으로서, '왜 뭔가가 일어나지 않았나' 와 '무엇이 일어나지 않았나' 라는 민감한 정보를 유보하고 있음을 드러내고 있었다.

특히 진술서 1의 다음 문장은 민감한 문제와 관련하여 '무엇이 일어나지 않았나' 의 형식을 취하고 있었다.

    ……그 앞전에 차를 사기로 해가지고 현금을 가지고 있다는 말
    은 들었읍니다. <u>그러나 돈은 보지 못했읍니다.</u>

여기서 수사관 Y는 '순서에 벗어난' 진술이 다른 수사관의 질문에 답하는 형식이 아닌, 스스로 '무슨 일이 있었는가' 라는 질문에 답하는 개방형 진술의 형태로 문장에 나타났다면, 우리는 이 진술에 대하여 네 가지 기본적 질문을 물어야 한다는 규칙에까지 생각이

미쳤다.

네 가지 기본적 질문

a. 진술인은 왜 그것을 말했을까?

b. 진술인은 왜 그것을, 이런 식으로 말했을까?

c. 진술인은 왜 그것을, 이런 식으로, 해당 진술의 이 지점에서 말했을까?

d. 진술인은 왜 이만큼의 주관적 시간을 사용했을까?

2) 납득이 안 되는 정보

진술서 1에는 누가 보아도 이해가 되지 않는, 그러나 진술인의 내면을 충분히 짐작케 하는 진술들이 여러 부분에 걸쳐 들어 있었다. 수사관 Y는 그 부분들에 밑줄을 그어 보았다. 모두 내심의 의사를 표출하는 대목으로 양면적 문장으로 볼 수 있다는 것이 특징이었다.

······ 그래서 일요일날 몇번을 가보고 해도 차가 그 자리에 서있글래 ······ 제가 나쁜 짓을 한것처럼 여겨 졌습니다. 그래서 일요일날 일 마치고 저녁 일곱시나 되어서 경남 김해시 삼방동 신어산 올라가는 입구 가든에서 동생들이랑 술먹고 있다가 저 자신도 모르게 겁도나고 그 차에 드러간게 죄가 되어서 저녁 7~8시 사이에 그술자리를 빠져나와서 이미자 씨가 있는 차고 가보니 역시 키가 꼽힌채로

그 자리에 있어서 <u>저 자신도 모르게 겁이나고 해서</u> 그차를 경남 삼랑진 읍내 있는 큰도로 변에 차남바를 뛰어서 버리고 택시를 타고 김해로 넘어와서……

(진술서 1)

…… 그당시에 제가 신고만 했드라도 제가 이렇게 도망자 신세도 안되고 제 가정도 파탄이 안 낫쓸 텐대 신고 못한게 제가 되었읍니다.

…… 그 제책감으로 지금까지 자수도 못하고 있는 중입니다. 10년 친구를 찾았쓰야 하는대 못찾은게 제가 되었읍니다. 그당시 한편으로는 열도 받고 내가 외 이렇게 살아야 하는 스글픈 마음으로 미자는 찾지도 못하고 왔읍니다.

…… 걱정이 되어 밤새도록 잠도 못자고 아침에 일하러 나가서 먼저 그곳부터 가보았습니다. 그런대 차가 없어야 하는대 차가 그대로 있길래 솔직히 말해서 하루 점도록 어떻게 일을 했는지 모르고 하루를 보냈읍니다.

…… 지금 제가 이렇게 하면 저보고 또 머리 굴린다고 하시겠죠.

<u>시체없는 살인도 받아준다면 제가 죽였다고 시인하겠읍니다. 이제는 변명도 해명도 하기싫고 조용히 형 받고 살고 싶읍니다. 저도 이제는 하루하루가 지친니다.</u> 아래 두 번째 반장님께 조서받는날 진실되게 이야기를 할려고 마음을 먹었는대 반장님께서 워낙 욕을하면서 강하게 나오는 바람에 사실대로 못하고 <u>검사님께 가서 사실대로 이야기 하고 사형이라도 받고 싶었던 심정입니다</u>……

(진술서 2)

8. '중요하지 않은' 정보

a. 진술을 읽는 사람에게 '중요하지 않은' 것처럼 보이는 정보가 두 배로 중요할 수 있다.
b. 진술인이 굳이 이 부분을 진술서에 써야만 했을까를 질문한다.

 …… 그당시에 이미자 씨의 차 앞쪽이 김해쪽으로 서 있었습니다……

 …… 그 이튿날 일을하면서 또 그 자리에 갓드니 이 미자 씨의 승용차가 앞부분이 김해 쪽으로 있는게 아니라 그 반대로 서 있었읍니다. 역시 승용차 키도 꼽혀 있었읍니다.

 …… 일하면서 세 번을 가바도 차는 그 자리에 키가 꼽혀 있었읍니다.……

(진술서 1)

 …… 그때 잠시 저의 덤프트럭에 박힌 돌을 빼내고 제차를 세워 놓고 이 미자 차를 타고 ……

(진술서 2)

 수사관 Y는 진술서 1, 2에서 수사관의 입장에서는 중요하지 않지만, 진술인의 입장에서는 두 배로 중요할 수 있는 진술을 찾아보았다. 그리고 진술인이 왜 이 장면을 굳이 진술서에 넣었을까를 곰곰이 생각해 보았다.

그러나 이 진술들이 왜 진술인에게 두 배로 중요한 의미를 갖는지, 그 이유에 대해서는 선뜻 답하기가 어려웠다. 그래서 J검사에게 묻자, J검사는 이를 수박이론과 연결지어 설명하였다.

"사건 당일의 행적과 관련해서 진술인의 기억에서 지울 수 없는 몇 가지 인상적인 대목이 그런 장면으로 이끌려 나온 것이라고 할 수 있겠지요. 그것이 바로 이미자의 자동차가 서 있었던 일, 자동차 키가 그대로 꽂혀 있었던 일, 그날 비바람과 천둥이 쳤던 일, 덤프트럭에 박힌 돌을 빼냈던 일 등일 겁니다. 그리고 아마 그 일들은 모두 사실이었겠지요."

제5장
SCAN 기법의 응용,
두 편의 진술서에 대한 거시분석

"두 편의 진술서에 대해 SCAN 기법을 적용하여 직접 분석을 해 보면 그냥 진술서를 읽을 때와는 차원이 다르다는 것을 느꼈을 것입니다. 하지만 미시분석만으로는 진술의 전체적인 틀과 구조를 이해하기 곤란한 측면이 없지 않습니다.

이번에는 좀 더 전반적인 측면에서, 즉 거시적인 분석을 한번 해 보기로 합시다.

먼저 제가 가장 강조하는 것으로 '암초효과'가 있습니다. 이는 SCAN에는 없는 이론인데, 제가 진술분석을 처음 시도하면서 설명의 필요성 때문에 만든 이론입니다. 수사의 초동 단계에서 진술서를 받았다면, 그 진술 내에서 '암초효과'가 어디에서 발견되는가를 우선적으로 파악해야 합니다. 그러면 해당 진술인에게 가장 민감한 정보가 무엇인지를 금방 파악할 수 있게 됩니다."

J검사는 '암초효과'가 '진술분석의 꽃'이라고 하면서 그 중요성을 누누이 역설하였다.

1. 암초효과의 작용 대목

a. 진술이 늘어지거나 머뭇거림이 나타나면서 흠집 있는 레코드판에서처럼 동일한 어구가 반복되는 대목이 있는지 살펴본다.
b. a의 상황, 즉 암초효과 이후 말실수, 단어의 변화, 불필요한 어구가 사용되었는지를 살펴본다.

수사관 Y는 우선 암초효과의 정의를 다시 한 번 되새겨 보았다.

"진술서를 작성할 때 진술인은 말로 하는 경우보다 글로 쓰는 경우, 더욱 숙고하고 표현 하나하나를 예민하게 의식하는 과정을 겪는다. 그런데 진술하고자 하는 내용 가운데 특별한 사건이나 상황이 있고, 그것을 말할 수 없는 사정이 있을 경우 그 부분에 대해 왜곡하거나 생략을 해야 할 절박한 필요성을 느끼기 때문에 진술은 숨기고자 하는 특정 대목 이전부터 영향을 받게 된다.

예컨대, 진술의 자연스런 흐름이 이루어지는 대신 어느 지점부터는 말실수, 머뭇거림, 말 늘어짐 또는 동어 반복의 현상이 나타난다. 이처럼 진술의 흐름이 강물처럼 흘러가다가 의식적으로 숨기고자 하는 요소들이 암초처럼 작용하여 특정 부분 근처에서 미묘한 파장을 일으키게 되는데 이를 암초효과라고 부른다."

수사관 Y는 J검사에게 그런 예가 있으면 좀 제시해 달라고 하였다. J검사는 웃으면서 각각의 예를 하나씩 설명하기 시작했다.

"우선, 당시 5세이던 남자아이를 유기하여 죽게 만든 혐의를 받고 있던 한 남자의 진술서 일부입니다. 계속 반복되는 어구가 금방 눈에 띄지요."

······ 세곡동에서 좀 오다가 승헌이를 내려놓게 되었습니다. 무서운 곳에 잠시 내려놓으면 그칠까 싶어 잠시 내려놓고 저는 그 자리를 피해 앞 쪽으로 30분쯤 기다리다 내려놓은 장소로 가보니 아이가 없어졌습니다.······ 아이를 찾아보다가 새벽 시간쯤 내려놓은 장소

에 기다려 보다가 차를 몰고 분당 쪽으로 뱅뱅 돌면서 어떻게 해야
될 지 몰라 답답하기만 했고⋯⋯

→ 아이를 내려놓았다는 표현이 4번이나 반복되면서 암초효과가 발생
   하고 난 직후에 아들 '승현이' 가 '아이'로 그 호칭이 변화된 것에
   주목할 필요가 있다.

  "다음은 무기고에 내려가 권총이 있는지 여부를 확인했다고 진술
한 한 군인의 경우입니다."

  ⋯⋯ 무기고에 내려가서 권총에 탄창 있는지 없는지 여부를 확인
하기 위해 내려갔다. 내려갈때는 사령부에 들려서 무기고 키를 가지
고 와서 부대에서 내려갔고 전역자 총기 입고시키고 탄창있는지 없
는지 여부를 확인하기 위해 이수형이랑 나랑 내려가 확인했다. 그때
수향이는 현황판도 고치고 있었고 나는 탄창안에든 총기에 탄창 있
는지 없는지 확인해 봤다. 그리고 ⋯⋯

→ 무기고에 내려갔다는 표현이 5번이나 반복되고 있다. 이러한 암초
   효과가 있은 후, '권총' 이라는 단어가 놓일 자리에 '총기' 라는 표현
   이 사용되고, '탄창 안에 든 총기' 라는 말실수도 발생하고 있다.

  "다음은 자기 아내가 피살된 남편의 진술서로서 사건 당일 아침
자신이 집에서 나오는 장면을 묘사하고 있습니다. 암초효과가 나타
나고 있는 것은 분명한데, 과연 어디에 민감한 정보가 있을까를 생
각해 보아야 합니다."

…… 그리고 쓰레기 봉지를 가지고 <u>나왔습니다</u>. 집사람이 따라 <u>나오면서</u>, 복장은 목욕탕에서 <u>나올</u> 때 입은 옷(까운) 입은 채로 아기는 안고서 현관에 까지 따라 나왔습니다. 제가 출입문을 열고 <u>나오면서</u> 아기와(소영이) 집사람에게 뽀뽀를 해주고 <u>나왔습니다</u>. 문 잠궈하면서 저는 시간이 늦어 급하게 엘리베이터를 타러가서 <u>내려왔습니다</u>. <u>내려와서</u> 경비원 아저씨에게 (얼굴이 넓은 사람) 에게 목례를 하고 쓰레기를 버리러 갔습니다. 버리고 나서 다시 돌아와 차 있는데로 5동에서 내려와 공중전화 박스를 지나서 우측에 지난밤 빈자리에 세웠던 곳(중간쯤)에서 차를 (서울 4머 9111) 세피아를 타고 ……

→ 집에서 본인이 나왔다고 하는 표현이 3번, 아내가 나왔다는 표현이 3번으로 도합 6번에 걸쳐서 '나왔다' 는 말을 하고 있으며, '내려왔다' 는 표현 역시 3번 반복하고 있다. 또한 이 진술에서는 쓰레기를 버리고 나서 다시 돌아온 곳이 어디인지, 즉 '차 있는 데' 인지 혹은 집인지를(여기서는 나타나 있지 않지만) 따져볼 필요가 있다. 만약 '차있는 데로' 다시 돌아오려면 그보다 먼저 '차 있는 데로' 갔어야 할 것이다. 결국 '다시 돌아와' 라는 진술과 '차 있는데로 5동에서 내려와' 라는 진술 사이에 시간적 공백이 존재한다고 볼 수 있다.

수사관 Y는 이러한 설명을 듣고 나서 자신이 가지고 있는 두 편의 진술서를 다시 검토해 보았다. 그러자 진술서 1에서도 암초효과가 나타나고 있는 것이 바로 눈에 띄었다.

…… 그래서 일요일날 몇번을 가보고 해도 차가 그 자리에 서있 글래 …… 제가 나쁜 짓을 한것처럼 여겨 졌습니다. 그래서 일요일 날 일 마치고 저녁 일곱시나 되어서 경남 김해시 삼방동 신어산 올 라가는 입구 가든에서 동생들이랑 술먹고 있다가 저 자신도 모르게 겁도나고 그 차에 드러간게 죄가 되어서 저녁 7~8시 사이에 그술자 리를 빠져나와서 이미자 씨가 있는 차고 가보니 역시 키가 꼽힌채로 그 자리에 있어서 저 자신도 모르게 겁이나고 해서 그차를 경남 삼 랑진 읍내 있는 큰도로 변에 차남바를 뛰어서 버리고 택시를 타고 김해로 넘어와서……   (진술서 1)

→ '그래서 일요일날'은 2번 반복, '차가 그 자리에 서있글래', '차가 그 자리에 있어서'도 2번 반복, '제가 나쁜 짓을 한 것처럼', '저 자신도 모르게 겁도나도 그 차에 드러간게 죄가 되어서', '저 자신 도 모르게 겁이나고 해서'와 같은 표현은 동어 내지 유사어구로 3 회 반복, 그리고 '저녁 일곱시나 되어서', '저녁 7~8시 사이에'를 2번 반복하고 있다. 이러한 형태의 진술 끝에 '이미자 씨가 있는 차' 라는 결정적인 표현이 튀어나오는 말실수가 발생하고 있다.

암초효과는 진술서 2에서 보다 명확히 등장했다.

…… 둘이서 차를 타고 갔습니다. 그기가니까 어둠이 살짝 깔렸읍 니다. 여덟시 못댔습니다. 방천 뚝으로 약 1 km 정도 가니까 방천 뚝 위가 무척 넓드라고요. 그기가니까 검정색 무쏘 차가 한대서있고 사 람 셋이서 오드라고요…… 그때 미자도 뚜디러 맞는지 고함을 지르 고 욕을 하드군요. 저도 일어나지도 못하고 그 자리에 있을 수 박에

없습니다. 그렇게 한바탕 소란을 피우고 나니 미자는 무쏘차로 대리 가고 그때 까지 저는 꼼짝도 못하고 있었습니다. …… (진술서 2)

→ '갔습니다' '그기가니까' '약 1km 정도 가니까' '그기가니까'에서 볼 수 있듯이 '갔다'라는 표현이 4회 반복되면서 전형적인 암초효 과가 나타나고 있다. 이어서 '-라고요'체로의 어투 변화, '없습니다'의 시제 변화 현상, '미자'로의 호칭 변화, '욕을 하드군요' '한 바탕 소란'과 같은 상황에 맞지 않는 표현의 등장, '그때 까지 저는 꼼짝도 못하고 있었습니다'라는 작위적 표현 등이 확인된다. 이로 보아 '갔다'는 행위는 사실일지라도 그 이후의 상황 묘사는 거짓일 가능성이 농후하다고 할 수 있다.

그런데 수사관 Y는 동어 반복을 통해 이렇게 명확하게 드러나는 표현들 말고 또 암초현상이라고 할 만한 것이 없을까 궁금했다. 그 래서 J검사에게 바로 전화를 걸었다.

J검사는 "첫 문장은 어떤가요? 뭔가 미묘한 파장이 느껴지지 않 습니까?"라며 말꼬리를 흐렸다. 그러고 보니 자신도 진술서 1의 첫 문장에서 왠지 문장의 호흡이 늘어지는 것을 느껴졌다.

…… 저는 2008년 6월 10일인지 11일인지 그날이 일요일 이었읍 니다. 일요일 토요일 저녁에 김해시 생림면 소재 생림공단입구에서 6시에 만나기로 했는데 제가 조금 늦게 약 30~40분정도 느깨사 나 가는 바람에 만나지 못했읍니다.……

"그래, 보통은 '저는 ○○년 ○○월 ○○일 아침 8시경……
……' 이라고 하면서 바로 이야기로 들어가는데 이 진술인은 한 문
장 전체를 '날짜' 에 할애하고 있군요. 그리고 다음 문장의 초두도
역시 '요일' 일 정도로 일부러 호흡을 늦추고 있어요. 6시의 약속을
설명하는 데까지 무려 3줄 가까이 사용하고 있잖아요. 또 '일요일
토요일 저녁에' 라는 수수께끼와 같은 표현을 하기도 하는데, 그러
고 나서 하는 말이 왜 못 만났는지를 설명하는 내용이라니……"

수사관 Y는 진술인이 이미자를 못 만났다는 말은 결국 거짓일 가
능성이 크다는 생각이 들었다.

2. 진술 내용에 대한 확신의 부족

"다음으로 주목할 점은 사실에 대한 확신이 부족한지, 어떤지의
여부입니다.

언어에 대한 행동관찰에서 볼 수 있는 것처럼 진술인은 '잘 기
억이 나지 않는다.' 는 말을 반복해서 사용함으로써 기억의 손실을
가정하기도 하고, '거의' 나 '약간' 따위의 수식어를 삽입하기도 하
지요.

또 자신이 엄청나게 놀랄 만한 사건이나 사고를 당했다고 주장하면서도 정작 그에 대한 진술은 '밋밋하게' 표현하고 있다면, 그것은 진술인이 그것을 이미 알고 있었거나, 아니면 그 자체가 허위 또는 과장된 주장이라고 생각할 수 있는데, 이 또한 확신의 부족과 연결지어 볼 수 있는 대목이지요."

수사관 Y는 이번에는 두 편의 진술서에서 확신의 부족이 엿보이는 대목을 금방 찾을 수 있었다.

> ...... 저는 2008년 <u>6월 10일인지 11일인지</u> 그날이 일요일 이었읍니다. <u>일요일 토요일</u> 저녁에......
>
> (진술서 1)

> ...... 지금 제가 이렇게 하면 저보고 또 머리 굴린다고 하시겠죠 ...... 시체없는 살인도 받아준다면 제가 죽였다고 시인하겠읍니다. 이제는 변명도 해명도 하기싫고 조용히 형 받고 살고 싶습니다. 저도 이제는 하루하루가 지친니다. 아래 두 번째 반장님께 조서받는 날 진실되게 이야기를 할려고 마음을 먹었는대 반장님께서 워낙 욕을하면서 강하게 나오는 바람에 사실대로 못하고 검사님께 가서 사실대로 이야기 하고 사형이라도 받고 싶었던 심정입니다......
>
> (진술서 2)

3. 표현되어야 할 감정의 결여

"다음으로 우리가 생각해 봐야 할 대목은 진술의 전반적 정서입니다.

예컨대, 자신의 배우자나 자식이 누군가에게 피살당했다면, 그진술에서는 죽은 사람에 대한 안타까움, 미련, 혹은 죽임을 당할 때겪었을 신체적, 정신적 고통에 대한 공감이 절절이 배어 나오게 되지요.

아울러 범인에 대한 증오, 적개심, 배신감이나 처벌에의 강한 의지 등이 사건이나 장면의 연상과 더불어 강하게 표출되는 것이 자연스러운 일일 겁니다.

여기, 누군가의 방화나 실화로 인해 자신이 운영하던 까페가 전소된 피해자가 있다고 합시다. 되풀이하지만, 그 피해자가 화재로인해 진정으로 심적 고통을 받았다면, 그에 따른 감정 표현이 강하게 드러나는 것이 보통이겠지요.

그런데 만약 진술에서 화재에 따른 분노나 충격, 상실의 표현이 그다지 존재하지 않고, 화재의 결과에 대한 관심이 결여되고 있다는 것이 확인되면, 그 화재가 자작극일 가능성을 드러낸다고도 할 수 있지요. 또한 감정이 표현되더라도 자연스러운 감정이 아닌, 어색하거나 부적절한 감정이 엿보이면 당연히 경계를 해야 합니다.

물론 가끔씩은 자연스럽게 우러나오는 감정이 아닌, 의식적으로 보이는 감정 표현이 나오는 수가 있지만, 그것이 적절한 타이밍에 표출되었다면 모를까, 보통은 한 박자 늦게 나와서 뭔가 인위적인 느낌을 줄 때가 있다는 거지요."

　　…… 무서운 곳에 잠시 내려놓으면 그칠까 싶어 잠시 내려놓고 저는 그 자리를 피해 앞 쪽에서 30분쯤 기다리다 내려놓은 장소로 가보니 아이가 없어졌습니다. 그래서 그 도로변으로 왔다 갔다 해보았고 산 속까지는 아니었지만 그 근처를 찾다가 <u>무서움이 앞섰습니다.</u>
　　…… 아이를 잘 돌보아야 하는데 더구나 숭현이를 잊어 버렸으니 <u>부모님에게 혼날 것이 먼저 생각났기에</u> 파출소에 신고하기 전까지 내내 혼자 생각만 해야 했고……
　→ 아이를 잃어버린 아버지의 심정으로는 '무서움' 보다는 걱정이나 불안의 감정이 선행되는 것이 일반적일 것이다. 또한 아이의 안위보다 부모님께 혼날 것을 먼저 생각하는 것도 이해하기 어려운, 부적절한 감정이라고 할 수 있다.

수사관 Y는 이러한 측면에서 진술서 1에 나타난 진술인의 감정에 대하여 다시 한 번 짚어 보았다. 약속 장소에 늦게 나가는 바람에 상대방을 못 만났다고 한다면, 연락을 취하는 노력을 하는 것이 마땅한데도 진술서상 그러한 상황에 대한 어떠한 감정 상태도 표출되어 있지 않았던 것이 확인되었다.

더구나 만나고자 하는 사람의 차만 자동차 키가 꽂힌 채로 있는 상태였고, 그날 저녁에는 비바람과 천둥이 쳐서 집으로 돌아온 후 꼼짝도 못하고 있었다고 말하면서도 이미자의 안부에 대한 확인이나 걱정이 전혀 없었다는 것은 쉽게 이해할 수 없는 부분이었다.

> ······ 저는 2008년 6월 10일인지 11일인지 그날이 일요일 이었읍니다. 일요일 토요일 저녁에 김해시 생림면 소재 생림공단입구에서 6시에 만나기로 했는데 제가 조금 늦게 약 30~40분정도 느깨사 나가는 바람에 만나지 못했읍니다.
> 그당시에 이미자 씨의 차 앞쪽이 김해쪽으로 서 있었습니다. 제 큰차 덤프 트럭을 세워놓고 차에 갔드니 차동차 키는 꼽힌채로 있었읍니다. 그래서 이미자씨 승용차 운전석 자리에 타고서 의자를 뒤로 재친채 한참 약 30분 정도는 족히 있었는대 오지 않아서 그냥 집으로 왔읍니다. 그날 저녁에는 비바람과 천둥이 처는 바람에 꼼짝도 못하고 있었읍니다······

4. 진술의 균형과 상대적 비교

"진술이 전체적으로 균형을 이루고 있는지를 검토해 보는 것이 중요합니다.

보통 진실한 진술은 세 부분으로 이루어지는데, 첫째는 사건이 있기 전에 무슨 일이 있었는가에 대한 것이고, 둘째는 사건 자체에 대한 묘사이고, 셋째는 사건 후에 무슨 일이 있었는가를 말합니다. 그런데 사건 후의 행동이나 감정 상태가 포함되는 셋째 부분도 첫 번째 부분만큼의 분량이 되어야 한다고 봅니다.

말하자면 세 부분이 균형을 이룰수록 진술의 신빙성은 더 크다고 할 수 있겠지요. 진술의 균형이라는 관점에서만 보자면, 세 부분이 각자 1/3씩이면 진실이라고 볼 수 있고, 한 부분이라도 미완성이거나 누락된다면 거짓일 개연성이 높은 것입니다.

예컨대, 자신의 집이 간밤에 모두 타 버린 남자가 화재 전 상황에 대하여 33줄(59%), 화재 자체에 대하여 16줄(28.5%), 화재 후 상황에 대하여 7줄(12.5%)로 진술하고 있다면, 이는 '불균형한 진술 (Unbalanced statement)'이 되고 말겠지요. 특히 서론(prologue)이 전체의 1/3 이하인 경우는 괜찮지만, 그 이상이 될 때는 기만의 징후가 있다고 해도 지나친 말이 아니게 됩니다.

즉, 이렇게 서론이 길어지는 것은 사건의 핵심에 대한 논의로 들어가는 것을 지연시키고자 진술인이 '중요하지 않은 정보'나 '불필요한 정보'를 제시하기 때문이며, 또 암초효과로 말이 늘어지거나, 머뭇거리거나, 동어가 반복되거나, 불필요한 연결 어구의 사용이 늘어나기 때문이라고 할 수 있지요."

이런 설명을 듣고 나서 수사관 Y는 진술의 균형을 확인하고자 사건 전, 사건 중, 사건 후를 따져 보기로 했다.

그렇지만 이런 진술서의 경우처럼 쟁점이 될 만한 사건이나 상황이 드러나 있지 아니할 때는 무엇을 기준으로 사건 전, 사건 중, 사건 후를 나눌 수 있을 것인지 의문이 들었다.

진술서 1의 경우, 이 사건이 살인사건이고 진술인이 혐의를 받고 있는 상황이라는 점을 감안하면 진술인과 이미자가 만나려고 하다가 못 만난 장면이 일차적 쟁점(hot spot)이라고 할 수 있겠지만, 이 진술 내용 자체만으로는 사건이 될 만한 주요 쟁점(main issue)으로 볼 수 없어 결과적으로 진술의 균형 문제를 따지는 것은 별반 의미

진술분석

가 없는 것으로 생각되었다.

또한 진술서 2에서는 진술인이 자신과 이미자가 괴한으로부터 구타당한 것을 주요 쟁점으로 제기하고 있고, 이를 기준으로 따져 보면 사건 전: 사전 중: 사건 후의 진술 분량이 11줄: 19줄: 31줄로 나타나지만, 사건 해결을 위한 수사관의 관점에서 볼 때는 그렇게 나누는 것 자체가 별 의미가 없다는 결론이 났다.

진술서 1: 사건의 쟁점 파악 불가
진술서 2: 쟁점을 구타당한 사건으로 볼 때, 사건 전: 11줄(1~11), 사건
　　　　　중: 19줄(11~29), 사건 후 : 31줄(30~60)로 나타남.

"동일한 사건이나 상황에 대해서 두 사람의 진술이 상이할 경우, 특히 개별적 쟁점에 대하여 서로의 입장이 팽팽할 경우, 두 개의 진술을 한 자리에 놓고 비교해 봄으로써 어느 쪽의 진술이 경험을 바탕으로 작성한 것인지, 상상이나 의견에 바탕을 둔 것인지 확인해 보는 것도 한 방법이 될 것입니다.

물론 이 사건의 경우는 두 편의 진술서 모두 한 사람이 작성한 것이어서 상대적 비교가 불가능하지만, 혹시 다른 사람의 진술서와 비교할 수 있다면 한번 해 보는 것도 좋은 시도겠지요."

이에 수사관 Y는 동일한 교통사고 상황에 대하여 승용차와 오토바이 운전자가 서로 상대방이 신호를 위반했다고 주장하고 있는 사건을 통해 진술을 비교해 보기로 했다.

다음 진술서 A는 승용차 운전자가 작성한 진술서이고, 진술서 B는 오토바이 운전자가 작성한 진술서다.

   …… 저는 회사원으로 본인소유 서울 2저 9187호 세피아 승용자량을 운전하여 진명여고 방향에서 신정동 쪽으로 주행코저 편도 1차선 도로에서 시속 약 30~40km 속도로 주행하다가/신호등이 설치되어 있는 교차로 정지선에 이르러 전방 신호에 의하여 정지하여 있다가 전방에 파란불이 들어와서 좌측을 살핀후 서서히 출발하다가 교차로 지점 거의 다 빠져 나가던중 오토바이가 속도와 신호를 무시한 채제차 바퀴부분을 들이받고 두사람이 나가 떨어졌습니다./
   저는 얼른 밖으로 나와 다친사람 앞으로 다가가 서있는데 두사람이 다가와서 얼른 차에 싫고 목동이대병원으로 가라고 했습니다. 차에 환자를 싫고 있던 도중 오토바이를 탄 경찰관 한분이 왔습니다 주위에는 목격자 한분(채소장사)가 있었는데 그분이 모든걸 도와주고 환자중 한사람은 의식이 있었는데 채소장사아저씨가 환자한테 왜 적색신호인데 달려오느냐고 했을때는 인정(자기잘못)하였습니다. 저는 경찰관 아저씨에게 사고현장을 맡기고 저는 목동 이대병원으로 얼른 달려가 환자를 이동시켰습니다./

오토바이는 시속 80km이상으로 달려와 저를 피하면서 부딪혔습니다.

교차로에서 승용차 두 대는 정지신호를 받고 서있는데 오토바이는 신호를 무시하고 80km이상의 속도로 달려오다 부딪히게 되었습니다.

(승용차 운전자 진술서 A)

…… 저는 목동아파트 12단지에 사는 신목고등학교 1학년 12반에 재학중인 이라고 하는 학생입니다.

저는 8월 2일 토요일 오후 12시 30분 경에 친구들과 학교를 마친후 오토바이를 탔습니다. 저의 친구 "○○○"을 태우고 있었는데 다른 친구 "○○○"(8반)이 자기가 타겠다고 해서 ○○○이가 내리고 ○○○가 탔습니다. 그때 저는 타란 말도 하지 않았고 타지말란 말도 하지 않았습니다. 그러다가 ○○이를 태우고 5단지 쪽에 있는 파리공원까지 갔다가 다시 저희 학교 앞 14단지로 돌아오는 도중 8단지 1동 앞에 천주교 있는 쪽에서 저는 파란불을 보고 약 20키로 정도로 달리고 있었습니다./ 그런데 갑자기 오른쪽 앞에서 승용차가 확 튀어나왔습니다. 저는 그 때 너무 놀라서 브레이크도 잡지 못하고 그냥 그 승용차의 왼쪽 옆쪽을 박게 되었습니다./ 그 후에는 공중에 떴다가 이대목동병원으로 옮겨지게 되었습니다.

(오토바이 운전자 진술서 B)

우선 진술의 균형과 관련해서 따져 보니 진술서 A에서는 사건 전:

사건 중:사건 후의 비율이 3줄: 8줄:7줄이고, 진술서 B는 사건 전:사건 중:사건 후의 비율이 11줄:3줄:1줄이었다. 따라서 진술서 B는 진술서 A에 비해 '균형을 잃은' 진술서임을 알 수 있었다. 특히 사건 전의 진술이 전체의 73%(11줄/15줄)를 차지하여 전형적으로 '서론이 긴(long prologue)' 형태를 취하고 있었다.

신호위반의 쟁점과 관련해서는 진술서 A의 승용차 운전자는 자신이 전방 신호에 의해 정지해 있다가 출발한 장면, 상대 오토바이가 속도와 신호를 무시한 장면, 사고 후에 목격자가 신호위반을 지적하자 한 사람이 인정한 장면 등을 분명하게 지적하고 있었다. 반면 오토바이 운전자는 자신이 파란불을 보고 달리는데 갑자기 승용차가 튀어 나왔다고 지적할 뿐 상대방 운전자가 신호를 위반했음을 직접 지적하는 장면은 없었다. 결국 신호위반의 쟁점에 관하여 오토바이 운전자는 확신의 부족을 보이고 있는 것이다.

게다가 오토바이 운전자는 5줄에 걸쳐 친구들을 태우게 된 사정을 기술하면서 '중요하지 않은 정보'를 제공하고 있는데, 이는 책임회피적 진술로서 진술인 본인이 사고의 책임에 관하여 역설적으로 중요하게 느끼고 있음을 보여 주고 있었다.

다음으로 수사관 Y는 강제추행 사건에 대한 진술을 비교해 보기로 했다. 이 사건의 개요는 찜질방에서 한 남자가 잠을 자는 여자의 손을 자기 팬티 속에 넣어 성기를 만지게 함으로써 여자를 추행하였다는 것인데, 피해를 당했다는 여자의 진술서 C와 그런 적이 전혀 없다는 남자의 진술서 D가 있다. 진술인들은 이 사건과 관련하여 경찰에서 여러 차례 조사를 받았으며, 진술서 C, D는 사건 발생 5개월 후 검찰에서 진술분석을 위해 다시 작성하여 제출한 것이었다.

▶▶ 진술서 ◀◀

1. 2008년도 12월 23일 일요일 밤12시 정도에 엄마가 찜질방 가고 싶다고 해서

2. 일도 쉬고 주말이라서 엄마랑 집근처에 가까운 청운동 영파 찜질방에 갔다.

3. 들어가서 씻고, 찜질을 하러 올라갔다. 소금방에 들어가서 찜질도 하고, 황토방에

4. 들어가서 찜질도 하고 나서 얼음방도 가고, 쉬면서 이야기도 나누다가,

5. 잠이 와서 자려고 하는데, 주말이라 사람들이 너무 많았다. 여자 수면실도

6. 가득 차 있고, 잘 공간이 없어, 산소방에 들어갔는데 엄마랑 둘이 잘 수 있는

7. 공간이 있어서 엄마랑 이불을 깔고, 한 1시 30경에 잠을 잤다.///

8. 그런데 기분이 갑자기 이상한 느낌이 들었다. 눈을 딱 떴는데 엄마가

9. 아닌 다른 사람이 내 옆에 누워있는 것이다. 깜짝 놀라서 바지 속에 내

10. 왼쪽 손이 그 아저씨의 성기를 잡고 있게 한 것이다.

11. 그 사람이 내 왼쪽 손을 ~~그 사람의~~ 꽉 잡고 있었다. 손을 바로 빼고 그 자리에

12. 놀라서 앉았다. 내가 손을 빼는 순간 그때 그 사람도 놀래서 제 눈을 뜨고 나
    랑 눈이 마주 쳤다.

13. 앉아 있을 때 브래지어도 풀려 있었다.

14. 근데 다시 눈을 감고 자는 척을 하는 것이었다. 나는 그 사람을 얼굴부터 한번
    쭉 보게 됐다.

15. 사람도 너무 많고 챙피해서 소리를 지를수가 없었다. 눈을 마주쳤을 때,

16. 얼굴은 하얗고, 눈에 진한 쌍꺼풀이 있고, 머리는 길지도 않고, 짧지도 않았다.

17. 유독히 ~~뽀~~ 하얀 피부라서 그런지 새끼 발가락에 점이 있는 걸 보게 됐다. 산소

방이 밝은 편

18. 이라 얼굴을 확실히 볼 수 있었다.

19. 놀래서 잠깐 앉아 있을 때 점을 보게 됐다./// 그리고 난 엄마가 없어서

20. 엄마 찾으러 다녔다. 근데 엄마는 ~~덥다~~ 덥다고, 얼음방에 있었다.

21. 그래서 엄마한테 상황 설명을 하고 엄마랑 산소방에 갔을때는 그 사람이
    ~~이미~~ 그 자리에

22. 없었다. 불과 10분 정도 밖에 않됐는데 없는 걸 확인하고, 엄마랑 찜질방

23. 이 있는 그 앞에 앉아서 엄마랑 잠이 들고 일어나서 찜질을 하기 시작했다.

24. 소금방 들어갔다가, 황토방에 들어갔는데, 아까 그 아저씨가 황토방으로 들
    어오는

25. 것이다. 그래서 엄마한테 나가자고 했다. 황토방 앞에서 저 아저씨라고,

26. 말을 했다. 얼굴이 확실했다. 근데 찜질방 들어올 때는 안경을 쓰고 있었다.

27. 확실했다. 엄마가 내 말을 듣자마자 경찰에 신고하게 됐다.

28. 황토방 앞에서 근데 그 도중에 그 아저씨가 나오는 것이다.

29. 엄마가 지금 나와서 같다고 전화상으로 말하니, 뒤따라가서 지키고 있으라

30. 고 해서, 내가 따라가보니, 남자 탈의실 씻으로 드러가는 것이다.

31. 그래서 거기서 나올 때까지 지키고 있었다.// 경찰아저씨들이 도착하고,

32. 나보고는 여기서 나오는 사람 얼굴을 잘보고 있으라고 했다.

33. 그리고 경찰관아저씨는 찜질방 탈의실 들어가서 탈출할 구멍이 있나 살펴

34. 보러 들어갔다. 10-15분을 기다려고 않와서 경찰 아저씨가 생김새를

35. 물어보았다, 그래서 피부는 하얗고, 눈에 진한 쌍커풀이 있고, 안경도 쓰고,

36. 키는 180cm 정도로 봤고, 머리는 길지도 않고 짧지도 않다고 하고,

37. 새끼 발가락 위에 점이 있다고 말했다. 나오질 않아서 경찰관 아저씨들이

38. 발가락에 점있는 사람을 찾으러 들어가셨다. 경찰아저씨께서 한명을 지목

39. 해서 이 사람 맞냐고 물어봐서 그 사람은 아니라고 했다.

40. 근데 그 도중에 모자를 쓰고 나오는 사람이 있었다.

41. 그래서 얼굴을 자세히 보니, 아까 그 성추행 아저씨인 것이다.

42. 경찰아저씨한테 이 아저씨가 맞다고 말했다.

43. 모자를 벗고, 안경도 벗어보고, 확인을 했는데 확실했다.

44. 확실한 확인차에 양말을 벗겨보니, 내가 본 새끼 발가락 위쪽에

45. 점도 함께 있었다, 그래서 성추행 아저씨를 잡게 되어서 경찰서로 가서

46. 조사를 받게 되었습니다.

47. 2009년 4월 15일

48. 박 정 아

49.

(진술서 C)

1. 제가 여기 오게 된 이유는 한 여성으로부터 성추행범으로 지목되었기

2. 때문입니다. 전 어떤 방법으로든 제가 그 사람이 아니라는 것을 밝히기

3. 위해서 이 곳에 왔습니다. 당일 전 일 때문에 일산에 갔고 잠을 자기 위해

4. 찜질방에서 잠을 자고 9시경 샤워를 하고 퇴실을 하기 위해 나가다가

5. 한 여성으로부터 지목을 받고 지금까지 이렇게 조사를 받고 있습니다.

6. 그날 전 밤 열시경 찜질방에 들어갔고 열한시쯤 수면실에서 잠을 자다가

7. 새벽 세시쯤 산소방에 들어가서 잠을 자고 아침에 집에서 전화를 받고 일어나

8. 불가마 방에서 땀을 빼고 황토방에서 쉬다가 /// 샤워를 하고 나가다가 지목

9. 되었습니다. 샤워를 하고 나와서 전화를 하고 있는데 경찰들이 들어와서

10. 삼십대 초반에 머리 길고 키 큰 남자를 찾고 다녔습니다. 전 밖에서 무슨 일이

11. 있었는데 범인이 목욕탕 안으로 도망 들어 왔구나 하면서 구경하면서 전화통화를

12. 하고 있었는데 경찰들이 한 남자를 데리고 밖으로 나갔다가 잠시 후 다시 들어

13. 왔고 조금 후에 다른 사람을 또 밖으로 데리고 나갔습니다. 전 옷을 입고

14. 밖으로 나갔는데 어떤 여성이 발에 점있는 남자를 찾고 있었고, 저도 나가기

15. 위해서 양말을 벗고 조사를 받았는데 제 발등에 점이 있었고

16. 저로 지목되어서/// 임의동행으로 제가 경찰서에 가서 조사를 받았습니다.

17.

18. 2009. 4. 22.

19. 강 성 중

(진술서 D)

우선 진술의 균형과 관련해서 진술서 C에 있어서 사건의 핵심 쟁점인 추행 사건과 직접 연관되는 진술 부분은 8행부터 19행의 '점을 보게 됐다' 까지 12.5 줄, 사건 전의 진술 부분은 1행에서 7행까지의 7줄, 사건 후의 진술 부분은 19행 중간부터 46행까지 27. 5줄을 차지한다. 결국 사건 전:사건 중:사건 후의 분량이 7줄:12.5줄:27.5줄로서, 그 비율은 15%:27%:58%의 형태를 보이고 있다. 결국 여자 진술인의 진술은 '사건 중' 이나 '사건 후' 가 '사건 전' 보다 긴 구조를 보이고 있다.

이에 반해 남자 진술인의 진술서에서 핵심 쟁점은 여자로부터 성추행범으로 지목 당한 것으로서, 전반적으로 그 지목 당한 경위를 중심으로 서술되어 있다. 굳이 사건 전 · 중 · 후를 '지목' 의 상황과 관련하여 나누어 본다면, 지목 전은 8행 중간의 '황토방에서 쉬다가' 까지의 7.5줄, 지목 중은 8행 중간의 '샤워를 하다가' 부터 16행의 '지목이 되어서' 까지의 8줄, 나머지 지목 후는 16행의 '임의동행으로 제가 경찰서에 가서 조사를 받았습니다' 까지의 0.5줄이다.

그런데 더 자세히 들여다보면, 지목 전의 내용에서 4행의 '9시경 샤워를 하고 퇴실을 하기 위해 나가다가 한 여성으로부터 지목을 받고' 는 지목 중으로 볼 수 있고, 5행의 '지금까지 이렇게 조사를 받고 있습니다' 는 지목 후로 볼 수 있다. 결국 사건 전은 7.5-1.5=6

진술분석

줄, 사건 중은 8+1=9줄, 사건 후는 0.5+0.5=1줄이 되어 사건 전:사건 중:사건 후=6줄:9줄:1줄로서, 그 비율을 따지면 38.5%:56.2%:6.3%가 된다.

여기서 이 남자 진술인의 '지목 후'에 대한 진술은 조사를 받았다는 내용으로서, 성추행범으로 지목된 상황이나 조사를 받는 것에 대한 감정이나 행동반응이 결여되어 있는 특징을 보이고 있다.

만약 이 남자 진술인이 억울하게 누명을 쓰고 범인으로 지목 당했다면 이에 따른 감정이 어떤 식으로든지 표출되는 것이 마땅한 대목인데도 그러한 반응이 없다는 것은 주목할 만한 점이다.

한편 진술의 확신과 관련하여 이 사건의 주요 쟁점인 추행 부분에 대해서 여자 진술인 박정아는 전반적으로 매우 상세히 진술하고, 상대방을 지목하게 된 경위와 과정을 확실하게 진술하고 있는 반면, 남자 진술인은 이에 대해서 전혀 언급 없이 자신이 '그 사람'이 아니라는 것을 밝히기 위해서 이곳에 왔다고 주장할 뿐 추행 사실이 없음을 제대로 부인하지 않고 있다는 점에서 진술의 확신이 부족한 것을 드러내고 있다.

또 서로 진술이 엇갈리는 대목인 산소방에서의 행적에 대하여는 남자 진술인은 7행에서 '세시쯤 산소방에 들어가서 잠을 자고 아침에 집에서 전화를 받고 일어나 불가마방에서 땀을 빼고'라고 함으로써 3시경 산소방에 들어간 행위까지는 일시와 장소를 분명히 적고 있으나, 산소방에서 '언제, 어떻게 잠이 깼는지'에 관해서는 침묵하고 있다.

마찬가지로 '일어난' 곳조차도 과연 산소방인지, 아니면 8행의 '불가마방'인지 애매하게 처리함으로써 결과적으로 산소방에서의 행적을 모호하게 진술하고 있다.

다만 남자 진술인으로서는 사건의 쟁점이 추행 여부이고, 그 장소가 산소방이란 점을 이미 여러 차례의 조사를 받아 잘 알고 있었으므로 초기의 개방적 진술에서라면 '순서에 벗어난' 정보라 할 수 있는 '왜 산소방에 들어갔는지, 왜 산소방에서 잠을 잤는지'에 관해서도 설명할 내적인 필요성을 느꼈을 수밖에 없는데, 그 점에 관해서 설명을 누락한 것도 납득하기 어렵다.

제6장
또 다른 사건의 분석

　"두 편의 진술서에 대하여 진술분석을 해 봤으니 이제 한 건 더 분석해 보기로 합시다. 이 사례 역시 경찰 수사 단계에서 살인 사건으로 혐의를 받고 있는 용의자로부터 받은 진술서입니다."

▶▶ 진술서 3◀◀

01. 상기 본인은 1999년 5월부터 2001년 4월 22일 까지 대전 광역시 중구 C동

02. 소재 피자 A에서 종업원으로 생활을 하다가 4월 29일부터 C동 소재 B우동

03. 에서 현재까지 종업원으로 생활을 하고 있습니다.

04. 4월 11일 제가 이모에게 빌린 돈을 주기로 하였습니다. 그날 제가

05. 오후 2시에 출근을 하니 이모가 저의 매장에 있었습니다. 그래서 이모

06. 에게 오늘밤에 만나기로 하였습니다. 4월 11일 24:00경 이모에게 전화가

07. 와서 제가 한 두시간 후 다시 연락한다고 한 후 4월 12일 02:00경

08. 다시 통화를 하였으나 제가 다시 전화를 한다고 한 후 통화가 끝이

09. 났습니다.

10. 04:00경 30~40분후 C동 닭갈비집 앞에서 만나기로 통화가 되었습니

11. 다. 그런데, 제가 만나기로 한 시간보다 5~10분 늦게 가보니 이모가

12. 보이지 않아 차에서 기다리던 중 깜빡 잠이 들어 깨어 보니 날이 밝아

13. 서 근처 E 여관에서 잠시 잠을 잔 후 산내 누나집으로 옷을 갈아입기

14. 위해 갔습니다. 그시간은 8:00~9:00 사이 였습니다. 그날 출근을 하면

15. 서 오후 2시경 이모에게 전화를 하였지만 연결이 되지 않았습니다.

16. 출근을 하여 보니 어떤 아주머니가 찾아왔다고 하여 저는 그분이 떡집

17. 이모인 줄 알았으나 다른 분이었습니다. 4월 12일 퇴근후 다른 때와

18. 마찬가지로 오락실을 들려 오락을 하다 집으로 갔습니다.

19. 4월 13일에도 평소와 마찬가지로 오후 2시경 출근을 하였습니다.

20. 그리고 그날밤인지 14일 밤인지 잘 기억은 나지 않지만 평소 자주 가던

21. 포장마차에 이모소식이 궁금하여 찾아가보니 그 이모도 모른다고 하였

22. 습니다. 오락실에서 평소 알고 지내던 준호 형을 만나 같이 오락을 하고

23. 오락실에서 만나게 된 형님들과 이런 저런 얘기를 하다 집으로 갔습니

24. 다. 그래서 포장마차에서 소주를 한 잔 한후 오락실에 들러 오락을 한

25. 후 집으로 갔습니다.

26. 4월 15일에는 일을 마치고 여자 친구와 같이 있었던 거 같습니다. 저는

27. 자주 여자 친구와 같이 근처 안양여관에서 같이 있습니다.

28. 4월 16일 부터 20일 까지의 저의 행적은 잘 기억나지가 않습니다. 그런

29. 데, 4월 18일로 생각이 드는데 왠 남자가 떡집 이모 남편이라고 전화가

30. 와서 만나자고 하였는데 그날 몸이 아파 만나질 못하였습니다. 아마

31. 그 다음날 4월 19일 쯤 포장마차에 가서 남편이 있느냐고 물어 보았

32. 더니 그 이모 말로는 남편이 없다고 하여 이상했습니다. 저의 행적을

33. 하나하나 다 기억이 나지 않습니다. 그 당시 제가 매일 오락실에서 살다

34. 시피 하였습니다

35.

36. 2001년 5월 22일

37. 성재홍

1. SCAN 기법의 적용, 미시분석에의 도전

1) 진술에서 언급된 사람

a. 진술에서 사람이 언급될 때마다 해당 단어나 이름에 밑줄을 친다. 색깔을 사용할 때는 녹색으로 표시한다.

b. 여기서 '사람'이라 함은 문자 그대로 '사람'만을 의미하는 것은 아니다. 예컨대, 이미자, 집사람, 남편, 회사, 소집단 등의 단어가 모두 해당된다.

　　…… 4월 11일 제가 이모에게 빌린 돈을 주기로 하였습니다. 그날 제가 오후 2시에 출근을 하니 이모가 저의 매장에 있었습니다. 그래서 이모에게 오늘밤에 만나기로 하였습니다.

　　4월 11일 24:00경 이모에게 전화가 와서 제가 한 두시간 후 다시 연락한다고 한 후 4월 12일 02:00경 다시 통화를 하였으나 제가 다시 전화를 한다고 한 후 통화가 끝이 났습니다.

　　04:00경 30~40분후 C동 닭갈비집 앞에서 만나기로 통화가 되었습니다. 그런데 제가 만나기로 한 시간보다 5~10분 정도 늦게 가보니 이모가 보이지 않아 차에서 기다리던 중 깜박 잠이 들어 깨어 보니 날이 밝아서 근천 E여관에서 잠을 잔후 산내 누나집으로 옷을 갈아입기 위해 갔습니다. 그 시간은 8:00~9:00 사이 였습니다.

　　그날 출근을 하면서오후 2시경 이모에게 전화를 하였지만 연결이 되지 않았습니다. 출근을 하여 보니 어떤 아주머니가 찾아왔다고 하여 저는 그분이 떡집 이모인줄 알았으나 다른 분이었습니다.

…… 그런데 4월 18일로 생각이 드는데 왠 남자가 떡집 이모 남편이라고 전화가 와서 만나자고 하였는데 그날 몸이 아파 만나질 못하였습니다. 아마 그 다음날 4월 19일 쯤 포장마차에 가서 남편이 있느냐고 물어 보았더니 그 이모 말로는 남편이 없다고 하여 이상했습니다.

(1) 사회적 소개

수사관 Y는 진술서에 나타난 사람에 대하여 녹색으로 표시를 했다.

이 진술서에 등장하는 인물로는 이모, 누나, 아주머니, 포장마차, 준호 형, 형님들, 여자 친구, 남자가 있었다. 그런데 대부분의 인물들에 대하여는 '산내' 누나, '어떤' 아주머니, '평소 자주 가던' 포장마차, '오락실에서 평소 알고 지내던' 준호 형, '오락실에서 만나게 된' 형님들, '왠' 남자 하는 식으로 나름대로 소개를 하고 있다.

하지만 유독 이모와 여자 친구에 대해서는 사회적 소개를 생략하고 있는 것을 볼 수 있다. 특히 핵심 인물인 이모에 대하여는 처음부터 끝까지 그녀가 누구인지 밝히지 않고 있는 점이 인상적이었다.

(2) 호칭의 변화

'이모'에 대한 호칭의 변화는 이모 → 이모 → 이모 → 이모 → 이모 → 떡집 이모 → 이모 → 떡집 이모라고 하여 여섯 번째에 가서야 바뀌고 있다. '이모'가 '떡집 이모'라는 보다 구체적인 표현으로 특정되는 것은 '경제의 원칙'에 반한 것으로 볼 수 있지만, '포장마차 이모'도 '이모'이다 보니 구별하기 위한 방편으로도 해석되었다.

2) 대명사

수사관 Y는 대명사에 동그라미를 쳐 보려고 찾아보았으나, 진술서상 인칭 대명사는 '제'와 '저'를 빼놓고는 특별한 것이 없었다. '우리'라는 표현도 전혀 사용되지 않고 있었다. 영어의 경우 대명사가 발달하여 있지만, 우리말의 어법에는 이런 특징이 두드러지지 않는 현상 때문인 것으로 해석되었다.

3) 연결 어구

a. 접속사를 포함하여 두 문장을 연결하는 모든 연결 어구에 밑줄을 친다.
b. 불필요한 연결 어구가 있는지 주의한다.

…… 4월 11일 제가 이모에게 빌린 돈을 주기로 하였습니다. 그

날 제가 오후 2시에 출근을 하니 이모가 저의 매장에 있었습니다. 그래서 이모에게 오늘밤에 만나기로 하였습니다.

4월 11일 24:00경 이모에게 전화가 와서 제가 한 두시간 후 다시 연락한다고 한 후 4월 12일 02:00경 다시 통화를 하였으나 제가 다시 전화를 한다고 한후 통화가 끝이 났습니다.

04:00경 30~40분후 C동 닭갈비집 앞에서 만나기로 통화가 되었습니다. 그런데, 제가 만나기로 한 시간보다 5~10분 정도 늦게 가보니 이모가 보이지 않아 차에서 기다리던 중 깜박 잠이 들어 깨어 보니 날이 밝아서 근천 E여관에서 잠을 잔 후 산내 누나집으로 옷을 갈아입기 위해 갔습니다. 그 시간은 8:00~9:00 사이 였습니다.……

4월 13일에도 평소와 마찬가지로 오후 2시경 출근을 하였습니다. 그리고 그날밤인지 14일 밤인지 잘 기억은 나지 않지만 평소 자주가던 포장마차에 이모소식이 궁금하여 찾아가보니 그 이모도 모른다고 하였습니다. 오락실에서 평소 알고 지내던 준호 형을 만나 같이 오락을 하고 오락실에서 만나게된 형님들과 이런 저런 얘기를 하다 집으로 갔습니다. 그래서 포장마차에서 소주를 한 잔 한후 오락실에 들러 오락을 한 후 짐으로 갔습니다.……

4월 16일 부터 20일 까지의 저의 행적은 잘 기억나지가 않습니다. 그런데, 4월 18일로 생각이 드는데 왠 남자가 떡집 이모 남편이라고 전화가 와서 만나자고 하였는데 그날 몸이 아파 만나질 못하였습니다.……

수사관 Y는 진술서에 나타난 연결 어구를 찾아보았다. 사용되고 있는 연결 어구는 기본적인 접속사 '그래서' '그런데' '그리고'로 모두 5번 나타나고 있었다.

이 진술서에 처음 등장하는 '그래서'와 '그런데'에 대한 J검사의 설명이 떠올랐다.

"얼핏 보면 별로 무리가 없어 보이는데, 그 이유는 우리가 일반적으로 글을 읽을 때, 이미 알고 있는 외부적 지식을 동원하거나 현실을 고려하면서 빈칸을 보충하여 읽기 때문입니다.

그렇지만 진술분석을 하는 사람은 진술을 있는 그대로 바라보고 해당 진술 내에서 무슨 일이 일어났는지, 진술인이 사건을 묘사하는 데 사용한 언어가 무엇인지를 세심하게 관찰해야 그 미묘한 차이를 찾아낼 수 있게 되지요.

사전적으로 '그래서'는 앞의 내용이 뒤의 내용의 원인이나 근거, 조건 따위가 될 때 쓰는 접속 부사입니다. 예를 들어, '어제는 많이 아팠어요. 그래서 결석했어요.'라든가, '그 새는 날개를 사용할 생각을 하지 않았다. 그래서 날개가 퇴화했다'처럼 쓰이는 것이 보통입니다.

그런데 위의 진술인이 사용한 '그래서'는 이러한 용법과 맞지 않는다는 것을 알 수 있지요. 왜냐하면 이모가 매장에 있는 것이 밤에 만나기로 한 것의 원인이나 근거, 조건이 되기는 곤란하기 때문입니다. 진술인이 만약 돈을 구해서 밤에 만나기로 했다는 사정이나 상황이 있다면 모를까 말이지요.

그런 내심의 의사를 보충해 해석하지 않고서는 '그래서'라는 접속사를 통해 두 문장이 자연스럽게 연결되지 않습니다. 그렇기 때문에 '그래서'와 관련해서 뭔가 숨겨진 정보가 있다고 해석하는 일이 가능하다는 것이지요.

"'통화가 되었습니다. 그런데, 제가 만나기로 한 시간보다 5∼10분 늦게 가보니'라는 표현이야말로 무심코 보면 아무런 문제점이 없는 것으로 보입니다.

이는 글을 읽는 사람이 '흠, 통화가 되어 만나기로 했지만, 못 만났다는 얘기로군'이라고 스스로 보충을 해서 읽어 버리기 때문입니다.

그렇지만 이 글을 쓴 진술인의 입장은 주관적으로 현재 상태, 즉 주관적 현재(subjective present)에 있으므로 통화를 한 시점에서 볼 때는 만나러 나가는 것은 미래(future)의 일이고, 못 만난다는 것이 아직은 예상이 안 되는 상황이라는 점을 이해해야 합니다.

그러므로 못 만났다는 것을 전제로 한 접속사 '그런데' 보다는 '그래서' 가 이 대목에서는 오히려 적당하다고 볼 수 있습니다.

아시다시피 '그런데' 는 화제를 앞의 내용과 관련시키면서 다른 방향으로 이끌어 나갈 때 쓰거나, 또는 앞의 내용과 상반된 내용을 이끌 때 사용하는 접속 부사입니다.

예컨대, '아 그렇군요. 그런데 왜 그때는 말씀을 안 하셨습니까?' 라든지, '동생은 벌써 숙제를 하고 나갔어요. 그런데 저는 아직도 숙제가 많이 남아서 놀 수가 없어요' 에서처럼요.

그러므로 여기서는 '그런데' 보다는 '그래서 제가 ○○경 약속한 장소로 갔습니다. 제가 조금 늦게 나갔는데 다행히 이모도 아직 안 나와 있었습니다.' 또는 '그래서 약속장소로 나갔지만,……' 정도로 연결이 이루어지는 것이 진술 자체로 적합하다고 할 수 있습니다. 문맥상 만나기로 통화가 되었고, '그래서' 약속장소에 나갔지만, 결과적으로 못 만났다는 것이 순서나 이치에 맞기 때문이지요."

수사관 Y는 이러한 내용을 염두에 두면서 세 번째 연결 어구 '그

진술분석

리고'가 적정한 것인지를 따져 보았다.

"여기서 '그리고' 역시 별 이상이 없어 보이는군. 또한 '그리고'를 생략해도 문장 자체로는 의미가 통해. 그렇다면 불필요한 연결어구로 해석되는데…… 문법적으로도 '그리고'는 문장과 문장을 병렬적으로 연결하는 접속 부사로 되어 있지 아니한가? 그렇다면 '그리고' 다음에는 '출근을 한 것'과 병렬적인 상황이 나열되는 것이 마땅할 것인데, 그 뒤의 내용은 전혀 다른 화제로 전환하고 있군. 여기서 의도적으로 생략한 사건이나 상황은 무엇인지 확인할 필요가 있겠어. 앞뒤 문맥으로 보면 '그리고'가 아니라 '그런데'로 연결되는 것이 바람직한데도 '그리고'로 연결하고자 했던 내심의 의사는 무엇이었을까?"

수사관 Y는 회심의 미소를 짓고는 네 번째 연결 어구 '그래서'로 넘어가 보기로 했다. 이 연결 어구 역시 문제가 있어 보였다. J검사가 설명한 것처럼 '그래서'의 용법과 전혀 맞지 않고 있어, '집으로 갔습니다' + '그래서' + '포장마차에서 소주를 한 잔 한후 오락실에 들러 오락을 한 후 짐으로 갔습니다'라는 진술은 뭔가 '없어진 정보 (missing information)'를 보충해야만 그 방정식이 풀릴 것 같았다.

다시 말해, 무슨 일이 있고 나서, '그래서' 포장마차에서 소주를 한 잔 했다고 할 수 있지 않을까? 그 없어진 정보는 무엇일까? 그리고 그것이 과연 13일 밤의 일인지, 14일 밤의 일인지도 밝혀야 하는 문제였다. 진술인이 '그리고 그날인지 14일 밤인지 잘 기억은 나지 않지만' 이라고 하면서 정확한 날짜를 적지 않고 있는 것을 보면, 일단 14일 밤이 문제의 날짜라고 지목할 수도 있을 것 같았다.

이제 마지막 연결 어구 '그런데' 가 남았다. 진술인은 4월 16일부터 4월 20일까지의 행적이 기억나지 않는다고 하면서도 '그런데' 라는 연결 어구를 사용해서 4월 18일과 4월 19일의 행적을 기술하고 있었다. 수사관 Y의 판단으로는 이 연결 자체는 크게 무리가 없어 보이기도 했다.

4) 시제의 변화

수사관 Y는 진술서에서 시제가 바뀐 곳을 찾아보았다. 대체로 1인칭 과거시제를 일관성 있게 유지하고 있었다.

다만 4월 15일의 행적과 관련하여 '여자 친구와 같이 있었던 거 같습니다' 라고 하여 확신의 부족을 드러내면서 곧이어 '저는 자주 여자 친구와 같이 근처 J 여관에서 같이 있습니다' 라고 진술함으로써 현재시제의 사용으로 변화하고 있는 대목이 눈에 띄었다.

…… 4월 15일에는 일을 마치고 여자 친구와 같이 있었던 거 같습니다. 저는 자주 여자 친구와 같이 근처 안양여관에서 같이 있습니다.

즉, 여기서의 현재시제의 경우, 이를 무심코 보자면 자신의 평소의 습관 내지 되풀이되는 행위에 대한 서술로서 시제 사용에 문제가 없는 것으로 여겨질 수 있겠지만, 진술분석에서는 그냥 넘길 수 없는 부분이라는 것을 이제 수사관 Y는 인지하고 있었다. 과거의 경험을 기억에 의해 진술한 것이라기보다는 다른 날 있었던 상황을 끌어다 붙이는 과정에서 나타난 문제가 아닐까라는 의심을 갖기에 충분한 것이었다.

이렇게 보면, 14일 밤과 15일에 걸쳐서 진술인이 말할 수 없는 어떤 상황이 발생한 것은 아닐까라는 생각이 점점 자리를 잡아 갔다.

5) 진술에서 언급된 객관적 시간

a. 진술에서 언급된 객관적 시간(시계에 표시된 시간)에 밑줄을 치고, 그 시간을 여백에 기입해 둔다.
b. 추측하거나 계산을 해야 시간을 알게 되는 대목을 표시한다.

수사관 Y는 이번에도 객관적 시간에 대한 J검사의 설명을 떠올렸다.

"많은 범인들이 이야기 내에 범행 시각을 담고 있는 것은 흥미로운 일입니다. 이는 곧 진술에 어떤 객관적 시간이 언급되어 있다면, 이것이 범행 시점에 상응하는지 주의해야 한다는 것을 의미합니다.

만약 그렇다면 해당 진술인이 범죄를 저질렀을 상당한 개연성이 있다고 할 수 있게 되지요.

물론 이와 반대로 객관적 시간이 '없어진 시간'이 될 경우도 있습니다. 그러기에 우리는 우리 앞에 놓인 진술이 모두 사실이라 하더라도 해당 진술인이 범죄를 저질렀을 수 있겠는가라는 질문을 계속해 봐야 합니다. 다시 말해, '없어진 시간'을 찾아야 하는 것이지요.

그리고 '없어진 시간'을 찾았다면, 그것이 범행 시각과 일치하는지 다시 한 번 검토해 봐야 합니다."

…… 4월 11일 제가 이모에게 빌린 돈을 주기로 하였습니다. 그 날 제가 오후 2시에 출근을 하니 이모가 저의 매장에 있었습니다. 그래서 이모에게 오늘밤에 만나기로 하였습니다.

4월 11일 24:00경 이모에게 전화가 와서 제가 한 두시간 후 다시 연락한다고 한 후 4월 12일 02:00경 다시 통화를 하였으나 제가 다시 전화를 한다고 한 후 통화가 끝이 났습니다.

04:00경 30~40분 후 C동 닭갈비집 앞에서 만나기로 통화가 되었습니다. 그런데, 제가 만나기로 한 시간보다 5~10분 정도 늦게 가보니 이모가 보이지 않아 차에서 기다리던 중 깜박 잠이 들어 깨어보니 날이 밝아서 근천 E여관에서 잠을 잔 후 산내 누나집으로 옷을 갈아입기 위해 갔습니다. 그시간은 8:00~9:00 사이 였습니다.……

4월 12일 퇴근후 다른 때와 마찬가지로 오락실을 들려 오락을 하다 집으로 갔습니다.

4월 13일에도 평소와 마찬가지로 오후 2시경 출근을 하였습니다. 그리고 그날밤인지 14일 밤인지 잘 기억은 나지 않지만 평소 자주 가던 포장마차에 이모소식이 궁금하여 찾아가보니 그 이모도 모른다고 하였습니다. 오락실에서 평소 알고 지내던 준호 형을 만나 같이 오락을 하고 오락실에서 만나게 된 형님들과 이런 저런 얘기를 하다 집으로 갔습니다. 그래서 포장마차에서 소주를 한잔 한 후 오락실에 들러 오락을 한 후 집으로 갔습니다.

4월 15일에는 일을 마치고 여자 친구와 같이 있었던 거 같습니다. 저는 자주 여자 친구와 같이 근처 안양여관에서 같이 있습니다

4월 16일부터 20일 까지의 저의 행적은 잘 기억나지가 않습니다. 그런데, 4월 18일로 생각이 드는데 왠 남자가 떡집 이모 남편이라고 전화가 와서 만나자고 하였는데 그날 몸이 아파 만나질 못하였습니다. 아마 그 다음날 4월 19일 쯤 포장마차에 가서 남편이 있느냐고

물어 보았더니 그 이모 말로는 남편이 없다고 하여 이상했습니다.……

여기서 진술인은 4월 11일부터 4월 20일까지의 기간 동안 있었던 행적을 시간순으로 기술하고 있었다.

수사관 Y는 먼저 '없어진 시간'에 주목했다. 진술인은 이모를 만나기로 한 시각에 대해서 '04:00경 30∼40분 후 C동 닭갈비집 앞에서 만나기로 통화가 되었습니다'라고 하여 그 정확한 시간에 대하여 적시하지 않고 있고, 특히 이모를 만나기 위해 자신이 나간 시각, 즉 이모를 만났어야 할 시각에 대하여는 더욱 의식적으로 언급을 회피하고 있었다.

즉, 진술서를 읽는 사람으로 하여금 '04:00경 30∼40분 후' 만나기로 한 점과 '만나기로 한 시간보다 5∼10분 정도 늦게' 갔다는 진술에 의거하여 스스로 계산을 하도록 하고 있다. 계산상 추정시간은 당연히 04:35∼04:50경으로 나오는데, 진술인은 그 시각을 그 자체로 정확히 기재하지 않고 있는 것이다. 스스로 '5∼10분 정도 늦게' 갔다고 진술하고 있는 것으로 보아 정확한 시간을 알고 있음에도 말이다. 그 '없어진 시간'에 무슨 일이 있었던 것일까?

진술을 날짜순으로 정리를 해 보니 4월 14일 밤의 행적에 대한 진술은 다른 날짜와 구별되었다. 즉, 4월 13일 출근했다는 점을 언급하고 난 후, 갑자기 '그날 밤인지 14일 밤인지 잘 기억은 나지 않지만'이라고 하면서 의식적으로 자신의 기억을 탓하며, 슬쩍 넘어가는 모습을 보이고 있는 것이다.

또한 이어지는 진술인 '오락실에서 평소 알고 지내던 준호 형을 만나 같이 오락을 하고 오락실에서 만나게 된 형님들과 이런 저런 얘기를 하다 집으로 갔습니다. 그래서 포장마차에서 소주를 한 잔 한 후 오락실에 들러 오락을 한 후 집으로 갔습니다.'라는 내용에 해당되는 날이 과연 13일 밤인지 14일 밤인지는 애매하게 처리되어 있다. 따라서 이 날짜는 확실히 짚고 넘어가야 할 사항으로 생각되었다.

게다가 4월 15일의 행적과 관련하여 확신의 부족, 현재시제로의 변화가 보이는 것을 고려해 볼 때, 진술인이 민감하게 의식하고 있는 시간대는 4월 14일 밤부터 15일까지임을 추단할 수 있었다. 그날 무슨 일이 있었기에 '말하고 싶지만' 말할 수 없었던 것일까?

수사관 Y는 이어서 객관적 시간과 주관적 시간의 분석을 시도해 보았다. 이에 따르면, 4월 12일 02:00경부터 04:00경까지는 시간당

2.5줄의 주관적 시간을 사용한 것으로 나타났다.

객관적 시간	주관적 시간
4월 11일 14:00~24:00	3줄(시간당 0.3줄)
4월 12일 00:00~02:00	2줄(시간당 1줄)
02:00~04:00	5줄(시간당 2.5줄)
04:00~09:00	4줄(시간당 0.8줄)
14:00~퇴근 시	4줄(시간당 계산 불가)
4월 13일 24:00~4월 15일	7줄(일당 2줄)
4월 15일~4월 16일	2줄(일당 1줄)
4월 16일~4월 20일	7줄(일당 1.4줄)

6) 단어의 변화

a. 진술 전반에 걸쳐 진술인의 언어를 비교해서 일관되어 있는지 아닌지를 찾아보라.

b. 하나의 진술은 무한하고 정해지지 아니한 변수를 가진 수학 방정식이다. 해당 진술인은 자신의 언어에 일관성을 유지한다; x는 x이다, x는 y와 다르다.

수사관 Y는 진술서상에 나타난 단어의 변화를 검토해 보았으나, 특별히 의미 있는 변화를 나타내는 경우는 찾기 힘들었다. 이런 내용을 J검사에게 말하자 의사소통(communication), 즉 인물 간의 의사소통과 관련된 단어에 유의하여 검토해 보라는 조언을 해 주었다.

J검사에 따르면, 똑같이 말했다는 것으로 해석되는 'said'와 'told'가 SCAN에서는 다른 의미를 갖고 있는 것으로 보는 것처럼 우리말에서도 진술인과 '이모' 간의 의사소통 상황을 드러내는 단어나 표현을 통해 의미 있는 변화를 발견할 수 있으리라는 것이었다.

그러고 보니 진술인과 '이모' 간의 의사소통을 보여 주는 단어로 '전화' '통화' '연락' '연결'과 같은 단어를 쉽게 확인할 수 있었다. 수사관 Y로서는 이런 종류의 단어들만을 대상으로 놓고서도 각각의 의미 차이를 도출해 낼 수 있다면 놀라운 일이라는 생각이 들었다.

…… 4월 11일 24:00경 이모에게 전화가 와서 제가 한 두시간 후 다시 연락한다고 한 후 4월 12일 02:00경 다시 통화를 하였으나 제가 다시 전화를 한다고 한 후 통화가 끝이 났습니다.
04:00경 30~40분후 C동 닭갈비집 앞에서 만나기로 통화가 되었습니다. 그런데, 제가 만나기로 한 시간보다 5~10분 정도 늦게 가 보니 이모가 보이지 않아 차에서 기다리던 중 깜박 잠이 들어 깨어 보니 날이 밝아서 근천 E여관에서 잠을 잔 후 산내 누나집으로 옷을 갈아입기 위해 갔습니다. 그 시간은 8:00~9:00 사이 였습니다.
…… 그날 출근을 하면서 오후 2시경 이모에게 전화를 하였지만 연결이 되지 않았습니다. 출근을 하여 보니 어떤 아주머니가 찾아왔다고 하여 저는 그분이 떡집 이모인 줄 알았으나 다른 분이었습니다.

수사관 Y는 이 단어들을 다시 정리해 보았다.

　　전화가 와서 → <u>연락</u>한다고 한 후 → 다시 <u>통화</u>를 하였으나 → 제
가 다시 <u>전화</u>를 한다고 한 후 → <u>통화</u>가 끝이 났습니다 → <u>통화</u>가 되
었습니다. → <u>전화</u>를 하였지만 → <u>연결</u>이 되지 않았습니다.

　　우선 이 진술서에서 '전화'와 '통화'의 차이는 무엇인지 궁금했
다. '통화'는 사전상으로는 '전화로 말을 주고받음' 또는 '통화한
횟수를 세는 단위'이며, '전화'역시 '전화기로 말을 주고받는 일'
또는 '전화기'로 정의되어 있다. 그렇지만 어쨌거나 진술인은 이 두
단어를 번갈아 사용하고 있으므로 무의식적이나마 구체적으로 어떤
차이를 상정하고 쓴 것인지 궁금하지 않을 수 없었다.

　　그런데 곰곰이 살펴보니 일단 진술인이 사용한 용어인 '통화'는
전화상으로 구체적인 대화가 오고 간 경우를 의미하고, '전화'는 그
러한 대화 없이 단지 전화를 받거나 거는 경우에 사용한 것으로 해
석할 수 있을 듯했다.

　　그렇다면

　　…… 4월 11일 24:00경 이모에게 <u>전화가 와서</u> 제가 한 두시간 후

다시 연락한다고 한 후

라고 말한 의미는 무엇일까? 진술인은 이모한테서 전화가 온 것으로부터 진술을 시작하고 있다. 그런데 다시 연락하기로만 하였다면 통화다운 통화를 한 적이 없다는 의미로 해석되었다.

그런 다음,

······ 4월 12일 02:00경 다시 통화를 하였으나 제가 다시 전화를 한다고 한 후 통화가 끝이 났습니다.

라는 문장의 의미는 02:00경 이모와 통화, 즉 전화상으로 대화가 오고 갔지만, 진술인이 다시 전화를 한다고 하면서 전화를 끝내서 통화, 즉 전화상의 대화가 끝나게 되었다는 것으로 해석되었다. 이는 전화의 상대방인 이모의 의지와 관계없이 진술인이 일방적으로 전화를 끊었다는 것이 된다.

그렇다면 02:00경 전화를 건 주체는 누구일까? 진술인은 여기서 '다시 통화를 하였으나' 라고 진술하였을 뿐, 자신이 먼저 전화를 걸었다는 표현은 하지 않고 있다.

이 전화는 이모가 먼저 건 것으로 보는 것이 타당하다고 보였다. 맥락상으로 보면 진술인이 한두 시간 후 연락한다고 하였으니 연락을 하려면 진술인이 먼저 전화를 거는 것이 당연해 보이지만, 진술인 스스로 자신이 다시 전화를 한다고 한 후에야 비로소 통화가 끝난 것이라면, 혹시 이모가 기다리다가 전화를 걸어 대화를 나누다가 서로 의견이 불일치하는 바람에 진술인이 전화를 다시 한다고 하고서 통화가 끝난 것은 아닐까 하는 생각이 들었기 때문이다.

그런 다음,

> ······ 04:00경 30~40분 후 C동 닭갈비집 앞에서 만나기로 통화가
> 되었습니다.

라는 말의 의미는 무엇일까? 여기서 통화가 되었다는 것 역시 전화상으로 어느 정도 대화가 이루어졌다는 의미다. 서로 간에 대화가 오갔고, 의견의 일치를 보았으며, 그 결과로 30~40분 후 C동 닭갈비집 앞에서 만나기로 한 것이라는 취지로 해석되었다.

그런데 여기서도 전화를 건 주체가 드러나 있지 않고 있다. 진술인이 전화를 건 것인지, 아니면 이모가 건 것인지 불분명하다.

앞서 02:00경 전화와 마찬가지로 진술인이 다시 전화를 한다고 하였으니 04:00경 전화를 건 주체가 진술인이 되어야 마땅하지만, 진술인 스스로 전화를 걸었다는 표현을 하지 않고 있는 것으로 보아 이 역시 이모가 전화를 기다리다가 먼저 걸어온 것은 아닌지 의심이 들었다.

물론 이는 통화내역 조회와 같은 수사로 해결할 문제다. 누가 먼저 전화를 걸었는지는 통화, 즉 전화상 대화 내용을 추론할 수 있는 중요한 포인트가 될 것으로 생각되었다.

그러면

…… 그날 출근을 하면서 오후 2시경 이모에게 <u>전화를 하였지만 연결이 되지 않았습니다.</u>

라는 진술은 어떻게 해석하는 것이 좋을까? 이제 다시 '통화'가 아닌 '전화'로 표현이 바뀌었다. 진술인은 출근을 하면서 오후 2시경 이모에게 전화를 했다고 함으로써 자신이 먼저 전화를 걸었다는 점을 분명히 밝히고 있다. 어쩌면 진술인이 처음으로 이모에게 먼저 전화를 걸었을 가능성도 배제할 수 없다.

그런데 '연결이 되지 않았다'고 진술하고 있다. 왜 연결이 되지 않았을까? 또한 왜 '통화가 되지 않았다' 라는 표현 대신 '연결이 되지 않았다' 라는 표현을 쓰고 있는 것일까? 전화가 연결이 되지 않은 상황은 통화 중이거나, 전화기가 꺼져 있거나, 또는 상대방이 전화를 받지 않거나 받을 수 없는 사정이 있는 상황 등으로 추정할 수 있다. 즉, 진술인은 이미 이 대목에서 이모와 더 이상 통화를 할 수 없음을 의식하고 있었기에 '연결' 이라는 새로운 표현을 사용했다고 볼 수도 있다. 그 진정한 이유에 대해서는 추가적인 수사로 확인할 수밖에 없을 것이다.

다만 여기서 짚고 넘어가야 할 것은 무엇 때문에 진술인이 출근하면서 이모에게 전화를 걸었을까 하는 문제였다. 상황으로 봐서는 이모가 밤에 약속 장소에 나오지 않았기 때문에 그것이 궁금해서였다고 논리적으로 설명할 수 있지만, 정작 진술인은 이에 대하여 아무런 설명도 하지 않고 있다. 뿐만 아니라 그에 따른 적절한 감정 표현도 나타내지 않았다.

그러면서도 진술인은 이모에 대한 관심을 지속적으로 표출함으로써 모순된 행동을 보이고 있다는 점을 알 수 있다.

진술분석

7) 순서에 벗어난 정보

a. 진술인에게 '무슨 일이 있었나요?'라고 물었을 때, 이 질문에 대한 답이 아닌 뭔가는 순서에 벗어난 것으로 간주된다.

b. 대표적인 것이 '왜 일어났는지'를 설명하는 것이다.

04:00경 30~40분후 C동 닭갈비집 앞에서 만나기로 통화가 되었습니다. 그런데, 제가 만나기로 한 시간보다 5~10분 정도 늦게 가보니 이모가 보이지 않아 차에서 기다리던 중 깜박 잠이 들어 깨어보니 날이 밝아서 근처 E여관에서 잠을 잔후 산 내 누나집으로 옷을 갈아입기 위해 갔습니다. 그 시간은 8:00~9:00 사이 였습니다.

(1) '왜 뭔가가 일어났는가(때문에, 바람에, 그래서)' + '무엇이 일어나지 않았나'

수사관 Y는 이 대목이 진술서 1과 흡사한 것을 금방 알아차렸다. '순서에 벗어난' 정보이자 '……이 일어나지 않았다'라는 형태의 정보가 겹쳐 있는 대목이었다.

…… 저는 2008년 6월 10일인지 11일인지 그날이 일요일 이었습니다. 일요일 토요일 저녁에 김해시 생림면 소재 생림공단 입구에서 6시에 만나기로 했는데 제가 조금 늦게 약 30~40분 느께사 나가는 바람에 만나지 못했습니다.

그당시에 이미자씨의 차 앞쪽이 김해쪽으로 서 있었습니다. 제 큰차 덤프 트럭을 세워놓고 차에 갔드니 차동차 키는 꼽힌채로 있었읍니다. 그래서 이미자씨 승용차 운전석 자리에 타고서 의자를 뒤로 재친 채 한참 한 30분 정도는 족히 있었는대 오지 않아서 그냥 집으로 왔읍니다. 그날 저녁에는 비바람과 천둥이 처는 바람에 꼼짝도 못하고 있었읍니다……

(진술서 1)

우리가 진술인에게 던진 것은 '무슨 일이 있었나요?(What happe-ned?)'라는 질문이었는데, 진술인이 무슨 일이 일어났는지에 대한 대답 대신 어떤 일이 '왜' 일어났는지를 설명한다면, 그것은 질문의 한계를 벗어난 것으로서 순서에 벗어난 정보다. 마찬가지로 '……이 일어나지 않았다'(안 했다 didn't, 않았다 wasn't)라고 말하는 것 역시 질문의 한계를 벗어난 경우다.

(2) 납득이 안 되는 정보

그날 출근을 하면서 오후 2시경 이모에게 전화를 하였지만 연결이 되지 않았습니다. 출근을 하여 보니 어떤 아주머니가 찾아왔다고 하여 저는 그분이 떡집 이모인 줄 알았으나 다른 분이었습니다.……

그런데 4월 18일로 생각이 드는데 웬 남자가 떡집 이모 남편이라고 전화가 와서 만나자고 하였는데 그날 몸이 아파 만나질 못하였습니다. 아마 그 다음날 4월 19일 쯤 포장마차에 가서 남편이 있느냐고 물어 보았더니 그 이모 말로는 남편이 없다고 하여 이상했습니다.……

앞서 살펴본 것처럼 수사관 Y는 진술인이 만나기로 한 이모가 보이지 않아 차에서 기다리던 중 잠이 들었었고, 깨어서 근처 여관에서 잠을 자고 누나 집에 가서 옷을 갈아입기까지 전혀 이모의 안위에 대하여 걱정이 없다가, 갑자기 출근을 하면서 이모에게 전화를 했으며, 역시 연결이 안 되는 것으로 끝이 났다는 점을 확인했다. 즉, 나타났어야 할 감정이 결여되어 있는 것이었다.

그런데도 이후 상황에서 진술인은 어떤 아주머니가 떡집 이모인 줄 알았다고 하면서 관심을 보이고 있고, 13일 밤인지 14일 밤인지에는 평소 자주 가던 포장마차에 이모 소식이 궁금해서 찾아가 보고, 4월 18일과 19일에는 이모의 남편에게까지 관심을 보이고 있다. 그러나 여전히 이모의 안위에 대하여는 감정의 표출이 전혀 없었기에 수사관 Y는 이러한 부분을 납득하기 어려웠다.

8) '중요하지 않은' 것

a. 진술을 읽는 사람에게 '중요하지 않은' 것처럼 보이는 정보가 두 배로 중요할 수 있다.
b. 진술인이 굳이 이 부분을 진술서에 써야만 했을까를 질문한다.

······ 그리고 그날밤인지 14일 밤인지 잘 기억은 나지 않지만 평소 자주 가던 포장마차에 이모소식이 궁금하여 찾아가보니 그 이모도 모른다고 하였습니다. 오락실에서 평소 알고 지내던 준호 형을 만나 같이 오락을 하고 오락실에서 만나게 된 형님들과 이런 저런 얘기를 하다 집으로 갔습니다. 그래서 포장마차에서 소주를 한 잔 한후 오락실에 들러 오락을 한 후 집으로 갔습니다.

4월 15일에는 일을 마치고 여자 친구와 같이 있었던 거 같습니다. 저는 자주 여자 친구와 같이 근처 안양여관에서 같이 있습니다

수사관 Y는 수사관의 관점에서는 중요하지 않지만, 진술인의 입장에서는 두 배로 중요할 수 있는 진술을 찾아보았다.

이모와 관련된 부분은 누가 봐도 중요한 것이지만, 오락실에서 오락을 하고 집으로 갔다는 부분은 그다지 중요하지 않은 것으로 보였다.

또 4월 15일의 행적 역시 여자 친구와 같이 있었다는 것이어서 일단 알리바이(Alibi)와 관련되어 있을 것 같은 느낌은 들지만, 수사관의 입장에서 볼 때 진술 자체로는 별로 중요하지 않은 듯했다. 그러나 진술인이 이러한 장면 혹은 내용을 굳이 진술서에 넣은 이유는 되새겨 보아야 할 문제임이 분명해 보였다.

2. SCAN 기법의 응용, 거시분석에의 도전

1) 암초효과의 작용 구간

a. 진술이 늘어지거나 머뭇거림이 나타나면서 흠집 있는 레코드판에서처럼 동일한 어구가 반복되는 대목이 있는지 살펴본다.

b. a의 상황, 즉 암초효과 이후 말실수, 단어의 변화, 불필요한 어구가 사용되었는지 살펴본다.

수사관 Y가 진술서를 면밀히 검토해 보니 일단 오락실 운운 하는 부분에 암초효과가 나타나는 것이 눈에 띄었다.

> …… 4월 11일 제가 이모에게 빌린 돈을 주기로 하였습니다. 그 날 제가 오후 2시에 출근을 하니 이모가 저의 매장에 있었습니다. 그래서 이모에게 오늘 밤에 만나기로 하였습니다. 4월 11일 24:00경 이모에게 전화가 와서 제가 한 두시간 후 다시 연락한다고 한 후 4월 12일 02:00경 다시 통화를 하였으나 제가 다시 전화를 한다고 한 후 통화가 끝이 났습니다.
>
> …… 04:00경 30~40분후 C동 닭갈비집 앞에서 만나기로 통화가 되었습니다. 그런데 제가 만나기로 한 시간보다 5~10분 정도 늦게 가보니 이모가 보이지 않아 차에서 기다리던 중 깜박 잠이 들어 깨어 보니 날이 밝아서 근천 E여관에서 잠을 잔 후 산내 누나집으로 옷을 갈아입기 위해 갔습니다. 그 시간은 8:00~9:00 사이 였습니다.

→ 이모와 '만나기로' 했다는 정보 서술에서 계속 늘어지면서 '만나기로' 라는 표현을 3회 반복하고 있으며, '그런데' 라는 부적절한 연결 어구를 사용하고 있다. 또한 '무엇이 일어나지 않았나' 를 불필요한 정보로서 제시하고 있다.

······ <u>오락실에서</u> 평소 알고 지내던 준호 형을 <u>만나</u> 같이 <u>오락을 하고 오락실에서</u> 만나게 된 형님들과 이런 저런 얘기를 하다 <u>집으로 갔습니다.</u> 그래서 포장마차에서 소주를 한 잔 한후 <u>오락실에 들러 오락을 한 후 집으로 갔습니다.</u>

→ 행동이 일어난 시점이 누락되어 있는 상황에서 '오락실에서' 가 2번 반복되고, '그래서' 라는 부적절한 연결 어구가 사용되고 있다. 또 전체적으로도 '오락실' 을 거론한 것이 3번, 오락을 했다는 진술이 2번, 집으로 갔다는 진술이 2번 반복되고 있다. 이는 집으로 갔다가 말할 수 없는 무슨 일이 일어났고(something happened), 그래서 포장마차에서 소주를 한 잔 한 것으로 연결되는 것이 자연스러운 상황으로 볼 수 있다.

2) 진술 내용에 대한 확신의 부족

수사관 Y는 진술인이 진술 내용에 대하여 확신의 부족을 느끼는 부분을 검토해 보았다. 전반적으로 기억이 나지 않는다는 표현을 여러 차례 사용하면서 자신의 행적에 대한 확신의 부족을 드러낸 것을 알 수 있었다.

J검사의 말에 따르면, 일반적으로 '무슨 일이 있었는가' 라는 개방형 질문에 대하여 진술인이 자유로이 개방형 진술을 하는 경우, 스스로 내적인 편집과정을 거쳐 a) 해당 진술인이 생각하기에 중요한 것, b) 해당 진술인이 기억하는 것을 알린다는 것을 감안하면, 결국 기억이 나지 않는 것은 알릴 수 없다는 것이 된다고 했다. 그런데도 진술 전반에 걸쳐 여러 차례 '기억이 나지 않는다(I don't remember)' 라고 진술하는 것은 기억이 나건 안 나건 알리고 싶지 않다는 의도를 드러낸 것일 수 있다는 것이었다.

특히 진술인이 처음으로 기억이 잘 안 난다고 한 부분인 '그날밤(13일 밤)인지 14일 밤인지 잘 기억은 나지 않지만' 이라는 진술이야말로 진정 그 날짜가 기억이 안 난 것인지, 기억이 나는 데도 나지 않는다고 기억 탓을 하고 있는 것인지 따져 보아야 할 부분이었다.

왜냐하면 진술인으로서는 가령 포장마차에 가서 이모 소식을 물은 것은 알리고 싶은 내용이지만, 정작 알리고 싶지 않은 내용은 다음 부분과 관련되어 있을 것이기 때문이었다.

오락실에서 평소 알고 지내던 준호 형을 만나 같이 오락을 하고 오락실에서 만나게 된 형님들과 이런 저런 얘기를 하다 집으로 갔습니다. 그래서 포장마차에서 소주를 한 잔 한후 오락실에 들러 오락을 한 후 집으로 갔습니다.

불필요한 연결 어구로 보이는 '그리고'의 사용도 이러한 의문을 더욱 커지게 했다. 문맥상 진술인이 출근을 한 것과 병렬적인 상황이 제시되어야만 '그리고'가 불필요한 연결 어구가 아닌 것이 되기 때문이다.

그러므로 수사관 Y는 '그리고' 다음에 무슨 일이 있었던 것은 아닌지 확인할 필요가 있음을 느꼈다.

……4월 13일에도 평소와 마찬가지로 오후 2시경 출근을 하였습니다. 그리고 그날밤인지 14일 밤인지 잘 기억은 나지 않지만 평소 자주 가던 포장마차에 이모소식이 궁금하여 찾아가보니 그 이모도 모른다고 하였습니다. 오락실에서 평소 알고 지내던 준호 형을 만나 같이 오락을 하고 오락실에서 만나게 된 형님들과 이런 저런 얘기를 하다 집으로 갔습니다. 그래서 포장마차에서 소주를 한잔 한 후 오락실에 들러 오락을 한 후 집으로 갔습니다.

4월 15일에는 일을 마치고 여자 친구와 같이 있었던 거 같습니다. 저는 자주 여자 친구와 같이 근처 J여관에서 같이 있습니다.

4월 16일 부터 20일 까지의 저의 행적은 잘 기억나지가 않습니다.

…… 저의 행적을 하나하나 다 기억이 나지 않습니다. 그 당시 제

가 매일 오락실에서 살다시피하였습니다.

3) 표현되어야 할 감정의 결여

수사관 Y는 진술인의 감정이 과연 적절하게 표현되고 있는지 분석해 보았다.

진술인이 조금 늦게 나가는 바람에 이모를 못 만났다고 한다면, 만나려고 연락을 취해 보거나, 계속 약속 장소에 나타나지 않는 상황을 의아하게 여기고 상대의 안위에 대해 궁금해하고 걱정하는 것이 자연스러운 일인데, 그러한 감정을 전혀 표출하지 않고 있는 것이 관찰되었다.

그러면서도 진술인은 일련의 진술을 통해 이모의 개인적인 정보와 근황에 대해 관심을 가지고 있음을 드러내 보이고 있었다. 결론적으로 진술인은 이모의 안위에 관해서는 걱정이나 불안의 감정이 전혀 없지만, 그 근황에 대하여는 관심을 갖고 있는 등 이중적 태도를 드러내고 있다는 점이 발견되었다.

4) 진술의 균형문제

수사관 Y는 이 진술서 역시 주요 쟁점이 파악되지 않음으로써 진술의 균형을 따지기는 곤란하다는 판단을 하였다.

제7장
절대 미제 사건에의 도전

수사관 Y에게는 이제까지 배운 진술분석의 이론과 기법을 적용해서 꼭 한 번 풀어보고 싶은 사건이 있었다. 그동안 누구도 속 시원히 풀 수 없었던 영구 미제 사건. 그것은 화재가 난 집에서 엄마와 어린 자식이 숨진 채 발견된 사건으로 20여 년이 지난 지금까지도 사실상 여전히 미제로 남아 있었다. 수사관 Y는 수사관 신분으로서 과연 그 사건의 진실이 무엇인지 너무나 궁금하게 여겨 왔던 터였다.

그런데 문제는 사건이 발생한 후 너무 오랜 시간이 흘러서 수사기관이 보관하고 있던 기록조차 폐기된 상태라는 점이었다. 그래서 여기저기 수소문한 끝에 누군가 연구용으로 보관하고 있던 진술서

한 통을 겨우 구할 수 있었다. 그것은 당시 사망자들의 남편이자 아버지인 인물에 의해 작성된 것이었다.

하지만 불행히도 진술서의 맨 앞장과 뒷장은 소실되어 남아 있지 않았다. 수사관 Y는 이 사건에 대한 진술분석이 자신의 힘으로 가능할 것인지를 속으로 가늠해 보았다. 그러나 도전해 보고 싶었다.

▶▶ 진 술 서 4 ◀◀

1. 저는 서울에서 최고의과대학을 졸업하고 레지던트

2. 1년차에 처의 언니(김남희)의 소개로 처를 소개받았는데

3. 처는 그 당시 의대 본과 3학년을 다니고 있었습니다.

4. 저는 녹번동으로 이사오자마자 충북대 대학원에 등록 매주토요일

5. 강의를 받으러 갔고 취직하기 위해 선배나 선생님을 통해 자리를

6. 알아 봤으나 보다가 종합병원이 아니어서 개원하기로

7. 집사람과 상의가 되었습니다. 집사람과 함께 개업

8. 자리를 알아보기 위해 부천의 김철수 선생님의 안내로 ~~토았로~~

9. 돌아 보았고, 한데 마침 이제일 선생님(현 현대외과

10. 원장)이 자리를 옮기게 되어 그 자리에 들어가게 되었습니다.

11. 개원할 김갑동 외과의원은 강서구 공항동 377-189 5층건물중

12. 2,3층 각 20평(도합40평)인데 이제일 선생님(집주인)이

13. 제일 의원을 개원했던 장소인데 제가 일부 장비를 구입하고

14. 전에 있던 기구를 사용하기로 하였습니다.

15. 저는 1988년 6월 11일 09시에 김갑동 외과 병의원에 도착

16. 해서 이제일 선생님을 만나 엑스레이 찍는 것과 현상기

17. 청소및 사용법을 듣고 간호원들은 10시에 출근해서 점심을

18. 같이 먹고 오후3시경 퇴근을 하고 혼자서 바닥청소하고

19. 쓰레기를 버리고 기구 정리하고 있는데 40대 남자2명이

20. 문을 두드려서 열어줬더니 그중 한명이 근처 공사현장에서

21. 다쳤다고 해서 치료를 간청해 꼬매주고 주사한대 놔주고

22. 내일 오라고 했습니다. 그 때가 저녁8시 정도됐는데

23. 퇴근을 해서 집에 도착했는데 9시쯤 식사준비를

24. 하던 도중 누나로부터 전화가 와서 전화를 받고 이야기를

25. 하고 나서 식사를 했습니다. ~~같이 식사를 했고~~

26. 누나가 갑희가 자동차 접촉사고가 나 차를 팔았는데

27. 사고처리과정에서 자형이 전화해주고 한것에 대해

28. 고맙다는 말을 빼먹었다고 서운해 하더라는 얘기와 누나네

29. 집 주인이 집을 쓰게 되서 시흥으로 이사를 갈까하는 얘기를

30. 했습니다. 밥먹고 있는 도중 누나가 전화를 다시해 서운해 하더라는

31. 여동생에게 전 말을 하지말라고 다시 전화가 왔습니다.

32. 알았다하고 식사가 끝나고 식기를 모두 식기 세척기에

33. 넣어 설것이를 하였습니다. 약 10시경 집사람이

34. 졸립다고 먼저 잔다고 했고 저는 내일 개원준비로

35. 조금 일이 있으니 먼저 자라했습니다. 11시경 저도

36. 침대 위에서 잠을 잤습니다. 애기 수영이는 아래에

37. 이불에서 잤습니다. 집사람도 침대에서 잠을 잤습니다

38. 침대에서 잠을 잘 때 저는 반바지에 런닝셔츠,

39. 집사람은 긴 티셔츠를 입고 바지를 안입고 잤습니다.

40. 저는 애기 때문에 5시경에 깨서 우유를 먹이고

41. 이불은 방에 하나 펴고 그 아래에 다른 이불로

42. 바닥에 깔아 놓아 애기가 떨 바닥에 닿지 않게

43. 하고 있습니다. 애기가 바로 자지 않아 두세번

44. 우유를 더 먹인후 저는 잠시 잠을 잤으나 이날

45. 일찍 일어나야 한다는 부담감 때문에 다시 깼습니다.

46. 아침 6시쯤이었습니다. 흔들의자에 앉아 있다가

47. 집 일어나 밥을 전자렌지에 덮히고 냉장고에서

48. 반찬을 꺼내고 있는데 집사람이 일어나며 자기가

49. 국을 데워주고 밥도 몇분 데웠냐하며 너무 시간이 적다고

50. 다시 데워졌습니다. 국은 콩나물국이었던 것 같고

51. 밥은 쌀밥이고 반찬은 오징어 채무침, 김치(배추) 2가지

52. 신김치, 생김치 등 프라스틱에 있는 것을 그대로 먹 놓고

53. 먹었습니다. 식사중 집사람은 샤워를 하고 식사 끝 무렵

54. 샤워를 끝내고 나왔습니다. 흰 타월지 까운을 입었는데

55. ~~속에는 여팼는지 평소에는 팬티만 걸치거나 안입거나~~

56. ~~했습니다.~~ 속에는 어떤 팬티를 입었는지 잘 보지

57. 못하였으며 당시 머리를 감아 머리카락이 물에 묻어

58. 촉촉한 모습이었고 식사후 밥그릇과 국그릇, 수저등은

59. 세 싱크대에 놓고나서 "반찬을 어떻게 할까 하니까

60. 자기가 먹어야되니 그대로 놔두라했습니다. 그래서

61. 제가 먹다가 남은 반찬은 식탁위에 그대로 놔뒀습니다.

62. 집사람의 밥은 밥그릇에 있는 상태에서 랩으로 싸여

63. 있었습니다. 그런데 그 밥은 어제 저녁에 여분으로 아침까지

64. 한 것이었습니다. 이는 그 전날부터 서로 아침에 일찍

65. 일어나서 두사람 고생하느니 제가 일찍 일어나 데워먹고

66. 가기로 (전자렌지에) 약속을 했습니다. 옷은 안방에서

67. 옷장의 바지와 와이셔츠 넥타이 그리고 양말을 꺼내어

68. 입었습니다. 전날 저녁 챙겨두었던 책가방과 (파란색

69. 볼링 가방), 까운을 넣은 쇼핑백, 평소 들고 다니던 가방(검정색)

70. 그리고 쓰레기 봉지를 가지고 나왔습니다. 집사람이 따라

71. 나오면서, 복장은 목욕탕에서 나올때입은 옷(까운)을

72. 입은채로 아기는 안고서 현관에까지 따라 나왔습니다

73. 제가 출입문을 열고 나오면서 아기와(수영이) 집사람에게

74. **뽀뽀**를 해주고 나왔습니다. 문 잠궈하면서 저는 시간이

75. 늦어 급하게 엘리베이터를 타러가서 내려왔습니다.

76. 내려와서 경비원 아저씨에게 (얼굴이 넓은 사람)에게

77. 목례를 하고 쓰레기를 버리러 갔습니다. 버리고 나서

78. 다시 돌아와 차 있는데로 가동에서 내려와 공중전화

79. 박스를 지나서 우측에 지난밤 빈자리에 세웠던 곳(중간쯤)에서

80. 차를(서울4머9111) 프라이드를 타고 동명여고 뒷길로 가서

81. 역촌동 사거리에서 좌회전하여 지하철 공사하는 길에서(성산대교

82. 방향으로 가는데 평소보다 두배거리, 평소에는 잘 뚫리던

83. 곳이 정체되어 있었습니다. 라듸오 방송을 들어보니 감기들은

84. 아나운서(교통방송)가 멘트에서 감기들어 얘기하니 목소리가

85. 다르다는 것과 오늘이 어제 방송사생일인데 일요일이어서

86. 오늘 대신한다는 것 그리고 8시부터는 시장후보들이 나와서

87. 교통정책을 설명한다는 등의 안내를 해주고 있었습니다.

88. 그리고 성산대교에서 삼중추돌을 일으켜 교통이 막힌다는

89. 이야기를 들었습니다. 행주대교로 돌아갈까 하다가 어차피

90. 다리만 건너면 뚫릴테니까 그냥 가자하면서, 약 30분정도

91. 막히는데서 있었고 다리 지나면서 시계를 보니 8시 가 약간

92. 안되어 있었습니다. 다리 지나고서는 길이 막히지 않아 쉽게

93. 갈수 있었습니다. 병원에 도착하니 약8시10분경쯤이었고

94. 간호조무사가 바깥에 서 있었습니다. 열쇠가 없느냐 하니까

95. 해봤는데 안된다고 하였습니다. 제가 열쇠를 달라고 해서

96. 제가 해보니 열렸습니다. 들어가서 우선 둘러보니 처치실에

97. 물이 있어서 소독액이 샜냐하고 용기를 바꾸었습니다.

98. 방사선과 현상실에 있는 놨던 조그만 그릇에 항문경을

99. 옮겨 담았습니다. 소독액은 와이덱스라는 녹색의 액체였습니다.

100. 그리고 보니 물이 샜던 곳은 처치실 앞의 라디에이터에서

101. 조금씩 나오고 있었습니다. 그곳을 비닐과 면봉의 나무를 이용해

102. 막았습니다. 약품이 무엇이 있나를 보면서 없는 약을

103. 적고 하였습니다. 그러는 중에 비뇨기과 환자가 한명

104. 왔습니다. 환자에게 설명해주고 근처 목동병원 비뇨기과를

105. 가보시라고 소개를 해주었습니다. 임포텐스(불감증)라 하여 왔으나

106. 현재 병원의 시설로는 안되어 설명을 하고 몇가지 이야기를

107. 묻고 듣고 한 다음 소개 시켜줬습니다. 가기전 간호사가

108. 어떻게 할까요 하니까 제가 초진료만 받으라 했습니다.

109. 그런데 잔돈이 없어서 간호사들이 저에게 백원짜리

110. 없냐고 묻기에 주머니에 있던 것과 가방에 있던 것을 빼서

111. 주면서 놓고 쓰라고 했습니다. 환자가 간 다음

112. 약이 들어온 것을 보고 또 전원장님(이제일 선생님)이

113. 만들어 놓은 약전뭉치를 보면서 확인을 했습니다.

114. 그러던 중 장모님에게서 전화가 왔다는 간호사의 말을 듣고

115. 방안에 있던 무선전화기를 빼서 들고 통화를 했는데

116. 집에 불이 났다는 거였고, 전화번호를 하나 가르쳐줬습니다

117. 책상에 받아적고, 전화를 거니 전에 살았던 사람이었습니다

118. 본인이 그렇게 얘기를 해서 알았습니다. 집에 불이나서

119. 소방서에서 오고 경찰서에서 오고 해서 했는데 아무도

120. 집주인이 없어서 찾고 있다고 했습니다. 일단 빨리 오시라고

121. 했습니다. 내과병원에(진주 내과) 전화를 해서

122. 집사람 남주 도착했냐고 하니 안왔다고 했습니다(간호원이)

123. 집에 불이 났으며 빨리 가야겠다고 생각을 하고 간호사들에게

124. 집에 일이 있어서 가니 혹시 안들어오면 6시에 퇴근하라고

125. 하고 떠났습니다. 병원 바로 옆 항상 주차시키는 곳에서

126. 꺼내 달렸습니다. 비상 깜박이를 켜서 저희 흥분상태를

127. 조심하라는 경고와 함께 달렸습니다. 신행주대교를 건너

128. 신원당을 지나 서오능길로 달렸습니다. 연신전철역

129. 앞에서 우회전을 해서 집으로 갔습니다. 차를 전화박스로

130. 전에 돌기전에 세워놓고 뛰어 올라가면서 들으니 어디선가

131. 우는 소리가 들려 기분이 이상했습니다. 경비원실을

132. 보니 평소 있던 사람이 아닌 두사람이 있었습니다.

133. 엘리베이터를 타고 올라가보니 장모님이 울고 계셨습니다.

134. 사람이 죽었다는 것이었습니다. 방으로 현관을 지나

135. 들어가려고 하니 제지를 당했습니다. 저는 현관문을 치면서

136. 또 도대체 어떻게 된거냐고 했습니다. 그러던 중에

137. 제가 주저앉아 제 왼손으로 제 오른 팔꿈치 근처를

138. 쥐었습니다. 도저히 믿기지 않았습니다.

139.

140.   1988. 6. 13. 2시6분

141.   작성자 김 갑 동

수사관 Y가 새로운 분석에의 의지를 불태우는 것을 보고 J검사는 한마디를 던졌다.

　　"읽어 보니까 어떻습니까?"

　　"이제 한 번 훑어봤을 뿐인데요. 아직 잘 모르겠어요."

　　수사관 Y는 머리를 긁적이면서 대답했다.

　　"암초효과가 나타나는 곳은 금방 알 수 있겠지요?" J검사는 물었다.

　　"몇 군데, 흠집 있는 레코드판에서처럼 거듭 반복되는 대목이 있긴 하데요. 그 정도는 이제 금방 보입니다." 수사관 Y는 대답했다.

　　"진술분석의 고수가 되려면, 적어도 100케이스 정도는 다루어 보아야 합니다. 일단 SCAN 기법에 의해 미시분석부터 해 보시지요."

1. SCAN 기법의 적용, 미시분석을 해 보다

1) 진술에서 언급된 사람

a. 진술에서 사람이 언급될 때마다 해당 단어나 이름에 밑줄을 친다. 색깔을 사용할 때는 녹색으로 표시한다.

b. 여기서 '사람'이라 함은 문자 그대로 '사람'만을 의미하는 것은 아니다. 예컨대, 이미지, 집사람, 남편, 회사, 소집단 등의 단어가 모두 해당된다.

> 1. 저는 서울에서 최고의과대학을 졸업하고 레지던트
> 2. 1년차에 처의 언니(김남희)의 소개로 처를 소개받았는데
> 3. 처는 그 당시 의대 본과 3학년을 다니고 있었습니다.

(1) 사회적 소개

수사관 Y는 가장 먼저 진술서에 언급된 사람들을 확인해 보았다.

해당 진술서에는 처의 언니, 처(집사람), 김철수 선생님, 이제일 선생님, 간호원들, 40대 남자 2명, 누나, 갑희, 여동생, 애기 수영이, 간호조무사, 환자, 장모님, 경비원이 등장하고 있었다.

그 가운데 핵심 인물인 처(집사람)는 진술서의 초두인 2, 3행에서 처음 등장한다. 일반적으로 남성이 상대방에게 처음 자신의 배우자

를 소개할 때, '처' 또는 '집사람'이라고 호칭하는 것은 적절한 사회적 소개를 한 것으로 볼 수 있다.

다만 처의 언니는 이름까지 기재하고 있는 데 비해 정작 처음 소개하는 자신의 아내에 대하여 이름을 생략한 것은 다소 의외였다. 이 진술만을 놓고 무의식적으로 처의 이름을 말하고 싶지 않았던 것이라고 해석하기는 아직 어렵지만, 일단 좋은 관계는 아닌 것으로 해석할 여지를 남긴다고 볼 수 있었다.

(2) 호칭의 변화

…… 처→처→집사람→집사람→집사람→집사람→집사람→

집사람→집사람→집사람→집사람 남주→사람

…… 애기 수영이→애기→애기→애기→아기→아기와(수영이)

해당 진술서에서 아내에 대한 호칭은 처→집사람→집사람→남주→사람의 순서로 변하고 있었다. 처음에 '처'라고 시작하여 2회 정도 '처'라고 호칭하였으나, 곧바로 '집사람'으로 바뀌어 8회에 걸쳐 사용됨으로써 호칭의 사용이 안정되었다. 그러다 112행에 이르러 갑자기 '집사람 남주'로 변화하고, 134행에서는 급기야 '사람'으로 지칭된다.

진실한 진술은 현실을 반영하고, 호칭의 변화는 관계의 변화를 의미한다고 볼 때, 지속적으로 사용되던 '집사람'이란 호칭이 진술의 마지막 부분에 이르러 변화를 보이는 것은 상당히 의미가 있어 보였다. 물론 '처'에서 '집사람'으로 바뀐 것도 검토해 볼 필요가 있지만, '처'라는 표현은 수사팀이 흔히 사용하는 단어라는 점을 고려하면, 문제 삼지 않아도 될 거라는 생각이 들었다.[3]

그러나 122행의 '집사람 남주'라는 호칭의 출현은 문맥상으로는 물론 경제의 원칙에 반하면서까지 호칭의 변화가 이루어진 대목이기 때문에 주의를 기울일 필요가 있었다.

물론 이러한 변화는 진술인의 배우자가 근무하던 병원 간호사와의 통화를 언급하면서 나타난 것이고, 그 간호사에게 아내의 이름을 지칭할 필요가 있었을 수도 있다는 점을 고려할 때, 현실적 관계의 변화를 반영한 것인지 여부에 대하여 검토할 여기가 없지 않았다. 그렇지만 '집사람 남주'가 다시 '사람'으로 바뀐 것은 예사롭지 않아 보였다.

---

3) 이외에도 이 진술서의 첫부분은 당시 수사팀이 통상적으로 사용하는 진술서의 기재 방식에 따라 서술되어 있는 점으로 보아, '처'라는 표현은 진술인의 호칭이기보다는 수사팀의 호칭을 따른 것으로 판단할 수 있었다는 것도 분석에 고려하였다.

즉, 진술의 전개상으로만 보면 진술인은 이 대목에서 아직 집사람이 죽은 것을 명확히 알 수 없는 상황에 있었다. 객관적 시간으로는 진술서를 작성할 당시 진술인은 아내와 아이가 죽은 것을 알고 있었겠지만, 해당 대목에서 주관적으로는 아직 현재 상태에 있으며, 앞으로 알게 될 사실들에 대해 모르는 상태에 있다.

이러한 상태를 주관적 현재(subjective present)라고 하는데, 아직은 진술인이 주관적 미래(subjective future)의 사실, 즉 아내와 아이가 사망한 것을 모르는 상황에서 관계의 변화를 반영한 호칭의 변화는 진술인이 주관적으로 이미 그 상황을(그 상황의 전모를) 의식하고 있었다는 점을 암시하는 것으로 해석할 수 있기 때문이다.

한편 진술인은 아이에 대해서 애기 수영이 → 애기 → 아기 → 아기 수영이로 호칭을 바꾸고 있는데, 처음에 이름까지 거명하며 애기 수영이로 사회적 소개를 한 것은 일단 적절해 보였다. 다만 '애기'가 '아기' 또는 '아기와(수영이)'로, 즉 '애기'가 '아기'로 바뀐 점은 주목할 필요가 있어 보였다. 72, 73행에서 보이는 '아기'로의 호칭 변화는 현실의 애기 수영이가 아닌, 진술인의 머릿속으로 생각한 추상적인 '아기'이기 때문에 나타난 현상으로 해석할 여지가 있었다. 물론 호칭의 변화 하나만으로 어떠한 결론에 이른다는 것은 분명 성급한 일이며, 이런 해석이 타당한 것인지는 별도로 검증해야

진술분석

할 사항들이 아직 남아 있었다.

70. 그리고 쓰레기 봉지를 가지고 나왔습니다. 집사람이 따라
71. 나오면서, <u>복장은 목욕탕에서 나올때입은 옷(까운)을</u>
72. <u>입은채로 아기는 안고서 현관에까지 따라 나왔습니다</u>
73. <u>제가 출입문을 열고 나오면서 아기와(수영이) 집사람에게</u>
74. <u>뽀뽀를 해주고 나왔습니다.</u> 문 잠귀하면서 저는 시간이
75. 늦어 급하게 엘리베이터를 타러가서 내려왔습니다.

2) 대명사

수사관 Y는 이번에는 대명사를 훑어보았다. 진술서상 인칭 대명사는 1인칭인 '저'와 '제'를 빼놓고는 그다지 눈에 띄는 것이 없었다.

다만 아내와 아이가 진술인의 삶에서 중요한 의미가 있는 핵심 인물인데도 불구하고 '우리'라는 표현이 전혀 사용되지 않고 있는 것은 특이한 현상으로 보였다. 예컨대, '우리' 집사람, '우리' 애기나 '우리' 딸이라는 표현이 전혀 없었다.

이처럼 가족 관계에서 '우리'라는 표현이 결여되어 있는 현상은 진술인과 아내 또는 아이까지를 포함한 가족 전체의 관계가 그다지

좋은 것이 아니었다는 점을 시사한다고 보기에 충분했다.

이러한 관계는 특히 사건 전날 밤의 행적과 관련하여 보자면, 6월 11일 퇴근 후 진술인의 아내가 집에 있던 것으로 추정되는 상황에서 식사 준비를 하고 식사를 하는 장면에서 두드러졌다.

식사 준비 및 식사를 하는 장면에서 아내와의 상호작용이 전혀 드러나지 않는 것은 서로 간의 관계가 좋지 않거나 뭔가 말할 수 없는 상황이 있었다는 것을 추정케 해 준다.

한편 진술인은 '같이 식사를 했고' 라고 기재했다가 자발적으로 삭제한 모습을 보이고 있는데, 따라서 이것만으로는 진술인과 아내가 같이 식사를 했는지 안 했는지가 더욱 불분명해져 버렸다.

왜냐하면 직전의 23, 24행의 진술에서 식사준비를 한 사람과 식사를 한 사람을 정확히 밝히고 있지 않기 때문이다. 이것은 이른바 '없어진 정보' 에 해당하는 것으로서 민감한 정보가 숨겨져 있을 가능성이 있는 곳으로 간주되었다.

> 23. 퇴근을 해서 집에 도착했는데 9시경쯤 식사준비를
> 24. 하던 도중 누나로부터 전화가 와서 전화를 받고 이야기를

25. 하고 나서 식사를 했습니다. ~~같이 식사를 했고~~

특히 진술인은 자신의 집에 불이 났다고 하는데도 '우리' 집에 불이 난 것이 아니라 116행에서처럼 그저 '집에 불이 났다는 거였고'라고 표현하고 있고, 이후에도 118행의 '집에 불이 나서', 123행의 '집에 불이 났으며,' 124행의 '집에 일이 있어서'와 같이 계속 '집'이라고만 부를 뿐 '우리 집' 또는 '내 집'과 같은 소유의 인칭대명사 사용을 생략하고 있다. SCAN에서는 이러한 경우 진술인이 더 이상 그 집을 자신의 집으로 인식하지 않고 있음을 드러낸다고 해석하는데, 우리 말에 있어서도 동일한 해석이 가능한 것인지에 다소간 의문이 없지 않았지만, 116행과 118행의 표현 어디에서도 진술인의 감정적 동요가 전혀 느껴지지 않고 있는 점을 감안하면 이러한 해석이 그다지 무리가 있다는 생각은 하기 어려웠다.

116. 집에 불이 났다는 거였고, 전화번호를 하나 가르쳐줬습니다
117. 책상에 받아적고, 전화를 거니 전에 살았던 사람이었습니다
118. 본인이 그렇게 얘기를 해서 알았습니다. 집에 불이나서
119. 소방서에서 오고 경찰서에서 오고 해서 했는데 아무도
120. 집주인이 없어서 찾고 있다고 했습니다. 일단 빨리 오시라고
121. 했습니다. 내과병원에(진주 내과) 전화를 해서
122. 집사람 남주 도착했냐고 하니 안왔다고 했습니다(간호원이)
123. 집에 불이 났으며 빨리 가야겠다고 생각을 하고 간호사들에게

124. 집에 일이 있어서 가니 혹시 안들어오면 6시에 퇴근하라고

125. 하고 떠났습니다.

3) 연결 어구

a. 접속사를 포함하여 두 문장을 연결하는 모든 연결 어구에 밑줄을 친다.

b. 불필요한 연결 어구가 있는지 주의한다.

68. 입었습니다. 전날 저녁 챙겨두었던 책가방과(파란색

69. 볼링 가방), 까운을 넣은 쇼핑백, 평소 들고 다니던 가방(검정색)

70. 그리고 쓰레기 봉지를 가지고 나왔습니다. 집사람이 따라

71. 나오면서, 복장은 목욕탕에서 나올때입은 옷(까운)을

72. 입은채로 아기는 안고서 현관에까지 따라 나왔습니다

73. 제가 출입문을 열고 나오면서 아기와(수영이) 집사람에게

74. 뽀뽀를 해주고 나왔습니다. 문 잠궈하면서 저는 시간이

75. 늦어 급하게 엘리베이터를 타러가서 내려왔습니다.

76. 내려와서 경비원 아저씨에게 (얼굴이 넓은 사람)에게

77. 목례를 하고 쓰레기를 버리러 갔습니다. 버리고 나서

78. 다시 돌아와 차 있는데로 가동에서 내려와 공중전화

79. 박스를 지나서 우측에 지난밤 빈자리에 세웠던 곳(중간쯤)에서

80. 차를(서울4머9111) 프라이드를 타고 동명여고 뒷길로 가서

81. 역촌동 사거리에서 좌회전하여 지하철 공사하는 길에서(성산대교

82. 방향으로 가는데 평소보다 두배거리, 평소에는 잘 뚫리던

83. 곳이 정체되어 있었습니다.

진술서의 이 대목에서 수사관 Y는 기억의 전진법칙과 관련하여, 우리의 인지적 커서는 기억이 입력될 당시처럼 우리의 주의나 시각이 앞쪽으로 나아가는 속성이 있기 때문에 가령 아침에 일어나 출근하거나 등교하는 데 향해지며, 일단은 뒤에 남겨진 집을 '나서거나', 집을 '나오거나', 또는 집을 '떠나는' 것에는 관심을 기울이지 않는다는 J검사의 설명이 자연스레 생각났다.

그러므로 기억으로부터의 회상이 전진법칙을 따르지 않고 떠나온 장면으로 회귀하는 현상이 나타나면 분석을 하는 사람은 주의를 해야 하며, 특히 그것이 장소를 떠나는(leaving the place) 행위를 언급하는 경우, 그 동사는 매우 중요하다(떠났다, 나왔다, 나섰다 등)는 설명이었다. 일반적으로 진술의 70% 정도에서 진술인이 시간적 압박을 받았을 때, 즉 바쁘거나 늦었을 때 이런 동사들이 사용되기도 하나, 나머지 30%의 진술에서 이런 상황이 아님에도 불구하고 장소를 떠나는 행위를 나타내는 동사를 사용하는 것은 매우 민감한 상황임을 말해 준다는 것이었다. 그러기에 Sapir는 그러한 동사 자체 (떠났다, 나왔다, 나섰다 등)를 '불필요한 연결 어구(unnecessary connections)'로 규정하고 있다는 내용도 기억이 났다.

그런 의미에서 이 진술서의 70~79행 사이에서 집을 나오거나, 엘리베이터를 타러 가거나, 쓰레기를 버리러 나가는 등 집이라는 장소를 떠나는 행위와 관련된 동사가 반복되어 쓰이고 있는 점이 매우 특징적이었다.

그리고 '그리고 쓰레기 봉지를 가지고 나왔습니다'(70행), '집사람이 따라 나오면서'(70행), '따라 나왔습니다'(72행), '제가 출입문을 열고 나오면서'(73행), '뽀뽀를 해 주고 나왔습니다'(74행), '엘리베이터를 타러가서 내려왔습니다.'(75행), '내려와서'(76행), '버리러 갔습니다'(77행), '버리고 나서'(78행), '차 있는 데로 가동에서 내려와'(78행)는 모두 '불필요한 연결 어구'에 해당한다고 볼 수 있었다.

이와 같이 불필요한 연결 어구는 해당 진술의 특정 지점에 뭔가 민감한 정보(sensitive information)가 있으며, 바로 그 지점의 이야기에서 '없어진 정보'가 있을 수 있다는 것을 시사하고 있었다.

4) 단어의 변화

a. 진술 전반에 걸쳐 진술인의 언어를 비교하고 그 일관성 여부를 살펴본다.

b. 하나의 진술은 무한하고 정해지지 아니한 변수를 가진 수학 방정식이다. 해당 진술인은

자신의 언어에 일관성을 유지한다; x는 x이다, x는 y와 다르다.

수사관 Y는 다음 순서로 단어나 어휘의 변화가 있는지 찾아보았다. 특별히 중요하다고 생각되는 변화는 눈에 띄지 않았다.

이때 J검사가 '문'과 관련된 어휘의 변화에서 그 의미를 한번 도출해 보라고 조언해 주었다.

문 → 출입문 → 문 → 현관문

그러고 보니 진술인이 기술하고 있는 문에는 병원 문과 자기 집의 문이 있었다. 진술인은 6월 11일 병원에서 남자 2명이 문을 두드리는 장면을 기술하면서 처음으로 '문'을 거론하였다.

15. 저는 1988년 6월 11일 09시에 김갑동 외과 병의원에 도착
16. 해서 이제일 선생님을 만나 엑스레이 찍는 것과 현상기
17. 청소및 사용법을 듣고 간호원들은 10시에 출근해서 점심을
18. 같이 먹고 오후3시경 퇴근을 하고 혼자서 바닥청소하고
19. 쓰레기를 버리고 기구 정리하고 있는데 40대 남자2명이
20. 문을 두드려서 열어줬더니 그중 한명이 근처 공사현장에서
21. 다쳤다고 해서 치료를 간청해 꼬매주고 주사한대 놔주고
22. 내일 오라고 했습니다.

다음으로 등장한 문은 진술인의 집 현관문이었다. 집의 문에 대한 언급은 73~74행에서 처음 등장하며, 73행에서는 '출입문', 74행에서는 그냥 '문'이라고 표현하고 있었다. 그런데 74행의 문은 '문 잠궈'라는 일상적 표현이어서 하등 특이할 것이 없었다.

70. 그리고 쓰레기 봉지를 가지고 나왔습니다. 집사람이 따라
71. 나오면서, 복장은 목욕탕에서 나올때입은 옷(까운)을
72. 입은채로 아기는 안고서 현관에까지 따라 나왔습니다
73. 제가 **출입문**을 열고 나오면서 아기와(수영이) 집사람에게
74. 뽀뽀를 해주고 나왔습니다. 문 잠궈하면서 저는 시간이
<u>75. 늦어 급하게 엘리베이터를 타러가서 내려왔습니다.</u>

이후 '문'과 관련한 어휘는 135행에서 '현관문'으로 나타난다.

135. 사람이 죽었다는 것이었습니다. 방으로 현관을 지나
136. 들어가려고 하니 제지를 당했습니다. 저는 **현관문**을 치면서
137. 또 도대체 어떻게 된거냐고 했습니다.

종합해 보니 진술인이 표현하는 집의 문은 출입문→문→현관문으로의 변화를 보이는 것으로 나타났다. 여기서 주목할 점은 진술인이 자신의 집에서 나오는 장면을 이야기하면서 '출입문'이라는 표현을 사용했다는 것이다.

집의 문을 지칭하는 통상적인 표현은 일반 주택의 경우는 '대문'이라고 하고, 진술인의 집처럼 아파트의 경우는 '현관문'일 터인데, 갑자기 '출입문'이라는 표현이 등장하고 있다. 출입문은 사전적으로는 드나드는 문을 뜻하지만, 보통은 건물 전체의 문을 말할 때 사용하는 표현으로서 진술인의 직업이 의사라는 점을 감안하면 병원 따위를 드나들 때 통과하는 문이 전형적인 '출입문'이라 할 수 있었다.

그러므로 뒤에 등장하는 136행의 진술인의 집 '현관문'과 비교해 볼 때, 이때의 '출입문'은 현실로 경험한 문이 아닌, 상상에 의해 머릿속으로 지어낸 '문'일 가능성이 있었다.

진술의 변화는 현실의 변화를 반영한다는 점에 의거할 때, 이러한 변화가 이루어진 지점이 자신의 아이를 '애기'가 아닌 '아기(수영이)'라고 재차 소개하는 방식으로 호칭이 변한 대목과 중첩된다는 점도 주목할 만했다.

즉, 자기 집의 문이 '현관문'이 아닌 '출입문'이 되고, '애기'가 '아기(수영이)'로 된 것은 경험이 아닌 상상에 의한 진술의 결과로서 현실의 변화를 반영한 것으로 해석하는 것이 결코 무리가 아니라는 생각이 들었다.

이러한 내용을 J검사에게 설명하자 J검사는 이제 진술인과 아내 간의 대화 부분, 즉 의사소통 상황을 찾아보라며 다음 작업에 대한 조언을 해 주었고, 그러고 나서 함께 검토해 보는 것이 좋겠다고 했다.

4. 저는 녹번동으로 이사오자마자 충북대 대학원에 등록 매주토요일
5. 강의를 받으러 갔고 취직하기 위해 선배나 선생님을 통해 자리를
6. 알아 봤으나 보다가 종합병원이 아니어서 개원하기로
7. 집사람과 상의가 되었습니다.

33. 넣어 설것이를 하였습니다. 약 10시경 집사람이
34. 졸립다고 먼저 잔다고 했고 저는 내일 개원준비로
35. 조금 일이 있으니 먼저 자라했습니다.

48. 반찬을 꺼내고 있는데 집사람이 일어나며 자기가
49. 국을 데워주고 밥도 몇분 데웠냐하며 너무 시간이 적다고
50. 다시 데워졌습니다.

59. 세 싱크대에 놓고나서 "반찬을 어떻게 할까 하니까
60. 자기가 먹어야되니 그대로 놔두라했습니다.,

64. 한 것이었습니다. 이는 그 전날부터 서로 아침에 일찍
65. 일어나서 두사람 고생하느니 제가 일찍 일어나 데워먹고
66. 가기로 (전자렌지에) 약속을 했습니다.

수사관 Y가 진술 내용 가운데 진술인과 아내가 서로 이야기를 하였거나 이야기를 한 것으로 추정되는 부분을 정리해 보니 다섯 구절 정도가 가려졌다. 특이할 것이 없어 보이는 이 표현들에 과연 무슨 의미가 있을 것인지 궁금하지 않을 수 없었다.

이에 대한 J검사의 설명이 시작되었다.

"우선 7행에서 '상의가 되었다'는 말은 비교적 진지하게 서로 의견을 나누었다는 말일 것입니다. 66행에 보이는 '약속을 했다'는 것은 또 다른 의미가 있지요. 약속이란 사전적 풀이로는 어떤 일에 대하여 어떻게 하기로 미리 정해 놓고 서로 어기지 않을 것을 다짐한다는 것인데, 여기서 35, 60행에서처럼 '데워먹고 가기로 했습니다' 정도로 표현하지 않고 굳이 '데워먹고 가기로(전자렌지에) 약속을 했습니다'라고 적은 것은 그만큼 이 부분을 설명해야 할 내적인 필요성을 느꼈기 때문이라고 할 수 있겠지요.

그런데 진술인의 그 전날 행적에서 이런 약속을 했던 사정이나 상황에 대한 언급이 전혀 없었던 점을 감안한다면, 과연 이런 약속이 있었는지는 의문입니다.

다음으로 우리는 진술인이 아내와 대화를 했다고 하는 부분들을 서로 비교하여 따져 보고, 아울러 진술인과 그 밖의 다른 사람과의 대화와도 비교함으로써 그 의미를 추급해 봐야 합니다.

진술인과 아내가 대화를 함으로써 상호작용하는 장면은 ① '약 10시경 집사람이 <u>졸립다고 먼저 잔다고 했고</u>, 저는 내일 개원준비로 조금 일이 있으니 <u>먼저 자라했습니다</u>' (30~35행), ② '집사람이 일어나며 자기가 국을 데워주고 밥도 몇분 데웠냐며 너무 시간이 <u>적다고 다시 데워졌습니다</u>' (48~49행), ③ '반찬을 어떻게 할까 하니<u>까 자기가 먹어야되니 그대로 놔두라했습니다.</u>' (58~60행), ④ '서로 아침에 일어나서 두사람 고생하느니 제가 일찍 일어나 데워먹고 <u>가기로(전자렌지에) 약속을 했습니다.</u>' (64~66행), ⑤ '<u>문 잠궈하면서</u> 저는 시간이 늦어 급하게 엘리베이터를 타러가서 내려 왔습니다.' (74행) 부분으로 모두 5군데입니다.

어떤 차이를 발견하실 수 있겠습니까?"

수사관 Y는 "말씀하신대로 ④번 구절이 '–로 약속을 했습니다'로 이전에 쓰인 '–라고 했고' 또는 '–라 했습니다'의 패턴에서 벗어난 것으로 보이고, ⑤번 구절에서는 아내와의 상호작용이 전혀 없다는 점이 다른 것 같습니다."라고 스스로 확신을 갖지 못한 채 대답했다.

J검사는 설명을 이어 나갔다.

"맞습니다. 이 다섯 구절만 살펴보아도 진술인이 대화를 인용하는 기본 패턴이 '-라고 했습니다' 또는 '-라 했습니다'라는 것을 일단 알 수 있습니다.

그런데 보다 정확히 이런 기본 패턴을 확인해 보려면, 진술 내에 다른 사람과의 대화를 인용한 사례가 있는지 찾아보아야 합니다."

수사관 Y가 진술서에서 다른 사람과의 대화 부분을 찾아보니 26~32행의 누나와의 통화 장면과 94~96행, 107~109행의 간호사와의 대화 장면 등이 눈에 띄었다.

> 26. 누나가 갑희가 자동차 접촉사고가 나 차를 팔았는데
> 27. 사고처리과정에서 자형이 전화해주고 한것에 대해
> 28. 고맙다는 말을 빼먹었다고 <u>서운해 하더라는 얘기와 누나네</u>
> 29. 집 주인이 집을 쓰게 되서 시흥으로 <u>이사를 갈까하는 얘기를</u>
> 30. <u>했습니다.</u> 밥먹고 있는 도중 누나가 전화를 다시해 서운해 하더라는
> 31. 여동생에게 전 <u>말을 하지말라고</u> 다시 전화가 왔습니다.
> 32. <u>알았다하고</u> 식사가 끝나고 식기를 모두 식기 세척기에
> 33. 넣어 설것이를 하였습니다.

94. 간호조무사가 바깥에 서 있었습니다. 열쇠가 <u>없느냐 하니까</u>
95. <u>해봤는데 안된다고 하였습니다.</u> 제가 열쇠를 달라고 해서
96. 제가 해보니 열렸습니다.

107. 묻고 듣고 한 다음 소개 시켜줬습니다. 가기전 간호사가
108. <u>어떻게 할까요 하니까 제가 초진료만 받으라 했습니다.</u>
109. 그런데 잔돈이 없어서 간호사들이 저에게 백원짜리
110. <u>없냐고 묻기에</u> 주머니에 있던 것과 가방에 있던 것을 빼서
111. 주면서 놓고 <u>쓰라고 했습니다</u>

"진술인은 아내 이외의 다른 사람, 즉 누나나 간호사와의 대화를 인용하는 대목에서도 '–고 했습니다' 또는 '–라고 하니까' ' –라고 했습니다'의 패턴을 보이는 것을 알 수 있습니다.

우리는 누나와의 대화 장면보다는 간호사와의 대화 장면에 더욱 주목할 필요가 있는데, 누나와의 대화는 전화상의 대화를 인용한 것이지만, 간호사와의 대화는 직접 대면한 상태의 대화를 인용한 것이라서 비교 · 대조하기에 보다 적합하기 때문입니다.

그렇게 보면, ②, ③번 구절은 이러한 패턴과 일치되고 있으나, ①, ④, ⑤번 구절은 이에서 벗어나 있다는 걸 알 수 있습니다."

진실흑서

이에 수사관 Y는 ④, ⑤번 구절이 금방 이해가 됐으나, ①번 경우는 왜 그런 패턴에서 벗어났다고 하는지 의문이 들었다.

J검사는 이를 간파한 듯 그 부분을 지적했다.

"아마 ①번의 '약 10시경 집사람이 졸립다고 먼저 잔다고 했고, 저는 내일 개원준비로 조금 일이 있으니 먼저 자라했습니다.' 라는 진술이 왜 그런 패턴에서 벗어났다고 하는 것인지 의문이 들 수 있을 겁니다.

물론 이 문장 역시 '-고 했습니다' 또는 '-라 했습니다'의 형태를 보이고 있지요. 하지만 찬찬히 들여다보면, 다른 문장 같으면 하나의 문장으로 진술하기에 충분한 것을 두 개의 문장으로 의식적으로 분리하고 있다는 점을 발견하게 됩니다.

즉, 진술인은 '-라 하니까, -라 했습니다' 또는 '-고 해서, -라 했습니다' 처럼 상대방의 말을 먼저 인용하고 난 후, '-라 했습니다'의 형태를 씀으로써 하나의 문장으로 두 가지 내용을 동시에 소화하는 기본적인 패턴을 보이고 있습니다.

그런데 이 문장만은 여기서 벗어나서 앞뒤 절의 결합하는 방식을 달리 하여 '–라 했고, –라 했습니다'로 표현하고 있다는 말입니다. ①번 구절을 진술인이 다른 사람의 대화를 인용하는 기본적인 진술 패턴으로 고쳐 보면, 좀 더 쉽게 이해할 수 있을 겁니다.

다시 말해 ①번 구절은 '약 10시경 집사람이 졸립다고 먼저 잔다고 해서 그러라고 했습니다' 정도로 충분히 표현될 수 있는데 그러지 않았다는 것이 문제의 핵심이지요.

그와 같은 패턴이나 경제의 원칙에 반하면서 진술인이 굳이 '저는 내일 개원준비로 조금 일이 있으니'라는 부분을 삽입함으로써 시간적 공백의 흔적을 남겼고, 문장 자체에서도 '먼저 잔다고'와 '먼저 자라'라는 표현이 불필요하게 반복됨으로써 내적인 흔들림이 감지되는 대목이 됩니다.

또한 이 문장 다음에는 아내가 침대로 가서 잠을 잤다거나, 또는 최소한 잠을 자기 위한 준비 행동으로 아내가 세수를 했다는 등의 장면이 나와야 한다는 것도 생각해 볼 필요가 있습니다."

5) 순서에 벗어난 정보

a. 진술인에게 '무슨 일이 있었나요?'라고 물었을 때, 이 질문에 대한 답이 아닌 뭔가는

순서에 벗어난 것으로 간주된다.

b. 대표적인 것이 '왜 일어났는지'를 설명하는 것이다.

수사관 Y는 이제 '순서에 벗어난 정보'가 있는지 찾아보았다. 두세 군데에서 그런 경우를 발견할 수 있었다.

맨 먼저 눈에 띈 진술은 40~45행의 진술인이 왜 5시경 잠을 깼는지에 대한 언급과 바닥에 이불을 깐 이유를 설명하는 대목이었다.

40. 저는 애기 때문에 5시경에 깨서 우유를 먹이고
41. 이불은 방에 하나 펴고 그 아래에 다른 이불로
42. 바닥에 깔아 놓아 애기가 뗄 바닥에 닿지 않게
43. 하고 있습니다 애기가 바로 자지 않아 두세번
44. 우유를 더 먹인후 저는 잠시 잠을 잤으나 이날
45. 일찍 일어나야 한다는 부담감 때문에 다시 깼습니다.

이 부분들에 관하여 J검사의 설명이 시작되었다.

"우리는 진술인이 왜 이 대목에서 이런 식으로 설명을 해야만 했는지를 다시 한 번 질문해 봐야 합니다. 특히 진술인이 '5시경에 애기 때문에 깬 것'이라고 하지 않고 '애기 때문에 5시경에 깬 것'이라고 기술하고 있는 데에 주목할 필요가 있습니다.

　그것은 이전까지 진술인이 줄곧 '몇 시경에 무엇을 했다' 라는 식으로 시간과 행동을 기술하던 패턴에서 이 문장이 벗어나 있기 때문입니다. 우리가 이 대목을 무심코 읽으면, 애기가 울어서 5시경에 깼다는 말일 거라고 간단하게 추측해 버리고 넘어가기 쉬운 장면이지요.

　그렇지만 우리로서는 진술인이 '5시경에 애기가 울어서 깼다' 라는 표현 대신 '애기 때문에 5시경에 깼다' 라고 적고 있다는 사실에서 앞의 형태로 적을 수 없는 상황이 무엇일지를 생각해 보아야 하는 것입니다. 즉, 진술인이 5시경에 깬 것이 아닐 수도 있다는 가능성, 그 가능성을 검토해 볼 필요가 있습니다.

　또한 정말 애기가 울어서 깼다면, '애기가 울어서 깼다' 고 하면 될 터인데, 다른 부분에서는 더 할 수 없이 상세한 진술을 보여 주고 있는 진술인이 단순히 '애기 때문에' 이라고 불분명한 이유를 대고 있는 것은 애기가 울어서 깬 것이 아닌 다른 이유로 깬 것을 의미하고 있을 수 있기 때문입니다. 그러므로 전문적인 분석가인 우리로서는 진술인이 과연 5시경 깬 것이 맞는지, 정말 깨기는 깬 것인지 등을 의심해 보는 것은 당연한 일이 되지요.

이러한 의구심은 44행의 '저는 잠시 잠을 잤으나' 와 44~45행의 '이날 일찍 일어나야 한다는 부담감 때문에 다시 깼습니다' 라는 부분에 이르면 더욱 커지게 됩니다.

우선 '잠시 잠을 잤으나' 라는 진술은 진술인이 말하고 있는 상황과 어울리지 않아 보입니다. 5시경에 깨서 애기한테 우유를 먹이고, 애기가 바로 자지 않아 두세 번 우유를 더 먹이고 난 상황이기 때문에 잠깐 눈을 붙이거나 깜박 잠이 든 정도라고 할 대목에서 '잠시 잠을 잤다' 고까지 하는 것은 자연스럽지 못하다는 것이지요.

44~45행에서처럼 진술인이 '이날 일찍 일어나야 한다는 부담감 때문에 다시 깼다' 고 한 것은 더욱 자연스럽지 못한 대목입니다. 우리가 '아침에 일찍 일어나야 한다는 부담감 때문에 잠을 제대로 못 잤다' 거나 '잠을 설쳤다' 고 말할 경우, 이때의 잠은 숙면 또는 제대로 된 잠을 의미하겠지요.

그런데 아침 5시경에 깨서 애기 우유를 먹이고, 그것도 애기가 바로 자지 않아 두세 번 더 우유를 먹인 후 잠시 눈을 붙인 정도의 상황에서 이런 이유를 대는 것은 납득하기 어렵다고 할 수 있습니다.

그러기에 진술인이 무슨 일이 있었는지를 기술하면서 '-때문에'

라고 이유를 대는 것 자체를 우리는 순서에 벗어난 정보로 이해하고, 그와 같이 진술인 입장에서 '다시 깬' 이유를 설명해야 하는 내적인 필요성이 무엇인지를 따져 봐야 한다는 겁니다.

결론적으로 우리는 진술인이 왜 당일 아침 일찍 잠이 깼고, 부담감 때문에 다시 깰 수밖에 없었는지, 다시 한 번 묻는 과정을 거쳐야 한다는 것이지요.

다음으로 우리의 눈길을 끄는 것은 41~43행에 나타나는, 바닥에 아이 이불을 깔아 놓은 것을 설명하는 부분입니다. 그런데 이 진술은 도대체 무엇을 말하고 있는 것인지 명확히 이해하기가 어렵습니다.

즉, '납득하기 어려운' 정보라고 할 수 있겠지요. 이와 같이 납득하기 어렵다는 것은 진술인이 그것을 제대로 설명하지 않고 있기 때문이고, 동시에 그만큼 진술인에게는 민감한 정보일 수 있다는 것을 의미합니다.

특히 '떨' 자를 썼던 것을 '떨어지지 않게' 라고 표현하려 했던 것으로 추정해 본다면, 애기가 침대에 있었으며, 바닥에 이불을 깔아 혹시 애기가 떨어지더라도 다치지 않도록 하려고 했던 것은 아닌지 생각해 볼 여지가 충분합니다.

　아무튼 진술이 이렇게 오락가락 하는 대목에서 '애기가 바닥에 닿지 않게 하고 있습니다' 라고 하여 동사의 시제가 현재형으로 변한 것도 예사롭지 않게 느껴지지요.

　실로 이 41~43행은 '납득하기 어려운' 정보이기도 하거니와 수사관에게는 별로 '중요하지 않은 정보' 일 수도 있는 대목이기 때문에, 반대로 진술인에게는 그 자체가 민감한 정보이면서 동시에 두 배로 중요할 수 있는 부분인 것으로 해석되지요.

　그런데 여기서 다시 한 번 '애기가 바로 자지 않아 두세 번 우유를 더 먹인 후 저는 잠시 잠을 잤으나 이날 일찍 일어나야 한다는 부담감 때문에 다시 깼습니다' 라는 구절로 돌아가 볼 필요가 있습니다.

　앞서 살펴본 것처럼 44~45행의 진술이 '납득하기 어려운 정보' 일 뿐 아니라 '순서에 벗어난 정보' 라는 점을 상기해 보면, 두 구절 사이, 즉 41~43행과 44~45행의 사이에서 뭔가 민감한, 없어진 정보를 발견할 수 있을 거라는 생각이 들 것입니다. 그것을 찾을 수 있겠습니까?"

J검사는 갑자기 수사관 Y에게 질문을 던졌다. 이에 수사관 Y는 그 대목을 다시 뚫을 듯이 들여다보았다. 그러나 선뜻 대답하기가 어려웠다.

"애기는 어떻게 되었는지 알겠는가요?"

그러자 J검사가 질문 하나를 던졌을 뿐인데, 놀랍게도 그 질문 속에 있는 답이 확연히 보이는 것 같았다.

"그러고 보니 '애기가 바로 자지 않아 두세 번 우유를 더 먹인 후 저는 잠시 잠을 잤으나' 라는 진술에서 갑자기 '애기'의 존재가 사라져 버렸습니다. 진술인이 잠을 잤다는 말만 나오고, 애기를 재웠다거나 애기가 잠이 들었다는 말은 나타나 있지 않네요.

애기 자체가 '없어진 정보'에 해당하는군요. 호칭의 변화를 통해 분석한 것처럼 이후 '애기'라는 호칭이 다시는 나오지 않고, 그저 '아기'만 등장하는 것과 연결이 되는 것 같습니다."

수사관 Y로서는 이제 이 사건의 진술분석이 정점을 향해 치달아가는 것 같은 느낌이 들기 시작하는 것이 신기했다. 수사관 Y가 두 번째로 찾아낸 '순서에 벗어난' 정보는 62~66행 부분이었다.

62. 집사람의 밥은 밥그릇에 있는 상태에서 랩으로 싸여
63. 있었습니다. 그런데 그 밥은 어제 저녁에 여분으로 아침까지
64. 한 것이었습니다. 이는 그 전날부터 서로 아침에 일찍
65. 일어나서 두사람 고생하느니 제가 일찍 일어나 데워먹고
66. 가기로 (전자렌지에) 약속을 했습니다.

이것은 곧 아내의 밥이 밥그릇에 담겨 랩으로 싸여 있다는 것과 그것이 왜 그런지를 설명하는 대목이었다.

J검사는 이 대목에 대하여는 그 진술이 다른 문제와도 연관되어 있으므로 다음에 상세히 설명할 기회가 있을 것이라고 얘기했다. 수사관 Y는 그 분석 내용을 빨리 알고 싶었으나, 더 이상 재촉하지는 않았다. 일단 이상의 두 군데를 빼놓고는 더 이상 '순서에 벗어난' 정보는 없는 듯했다.

수사관 Y는 J검사에게 물어보았다.

"두 군데 밖에 없는 것 같은데 맞나요?"

"글쎄 명백하게 순서에 벗어난 정보는 두 군데가 맞는 것 같군요. 굳이 하나를 더 추가하자면, 78~93행에 걸쳐 설명하고 있는, 차를

타고 병원으로 출근하는 대목이 될 것 같습니다.

왜냐하면 그 부분은 외견상 '무슨 일이 있었는지'를 설명하는 것으로 보이지만, 왜 병원까지 가는데 그렇게 시간이 오래 걸렸는지를 굳이 설명하고 있기 때문이지요. 물론 당시의 수사팀에서 진술인에게 '어떤 일이 왜 일어났는지'를 미리 물었다면 그런 내용을 설명하는 것이 필요했겠지만.

만약 외부적 요인, 즉 외부적 요구가 없었는데도 진술인 스스로 이와 같은 내용을 설명했다면, 그렇게 설명했어야만 하는 내적인 필요성이 무엇일까를 되새겨 보는 것이 중요합니다."

6) '중요하지 않은' 정보

a. 진술을 읽는 사람에게 '중요하지 않은' 것처럼 보이는 정보가 두 배로 중요할 수 있다.
b. 진술인이 굳이 이 부분을 진술서에 써야만 했을까를 질문한다.

수사관 Y는 진술 전체에서 '중요하지 않은' 정보를 하나씩 검토해 나갔다. 사실 이 진술서는 여느 진술서에 비해 훨씬 풍부한 정보가 들어 있었고, 그런 만큼 수사관에게는 중요해 보이지 않는 정보가 많이 발견되었다. '중요하지 않은 정보'인데 진술인이 기술하였

진술홍서

다면, 그것은 진술인에게는 두 배로 중요한 정보로서 민감한 내용을
숨기고 있을 가능성을 시사한다.

23. 퇴근을 해서 집에 도착했는데 9시경쯤 식사준비를
24. 하던 도중 누나로부터 전화가 와서 전화를 받고 이야기를
25. 하고 나서 식사를 했습니다. ~~같이 식사를 했고~~
26. 누나가 갑희가 자동차 접촉사고가 나 차를 팔았는데
27. 사고처리과정에서 자형이 전화해주고 한 것에 대해
28. 고맙다는 말을 빼먹었다고 서운해 하더라는 얘기와 누나네
29. 집 주인이 집을 쓰게 되서 시흥으로 이사를 갈까하는 얘기를
30. 했습니다. 밥먹고 있는 도중 누나가 전화를 다시해 서운해 하더라는
31. 여동생에게 전 말을 하지말라고 다시 전화가 왔습니다.
32. 알았다고 식사가 끝나고 식기를 모두 식기 세척기에

진술인은 우선 6월 11일의 행적과 관련하여 24행부터 32행에 걸
쳐 누나와의 전화 통화 내용 진술에 상당한 양을 할애하고 있었다.
그것은 누가 보아도 필요 이상으로 상세한 진술이라 할 수 있었다.
그렇다면 누나와의 통화가 진술인에게 중요한 이유는 무엇인지, 아
니면 그 자체로 뭔가 민감한 다른 정보를 숨기고자 했던 의도의 결
과였는지를 검토해 보아야 했다.

게다가 식사를 준비하는 도중이나 식사를 하는 상황과 관련하여

아내와의 상호작용이 전혀 드러나지 않고, '같이 식사를 했고' 라는 진술을 자발적으로 삭제한 사실이 누나와의 통화와 어떤 연관이 있는지 의문이 제기되는 대목으로 보이기 때문이었다.

다음으로 수사관 Y는 36, 37행에 나타난, 침대에서 잠을 잘 때의 진술인의 복장 상태에 대해 살펴보았다. 당시 수사팀에서 이러한 내용에 대해 기재하도록 요구하지 않았다면, 이 또한 '중요하지 않은' 정보로 분류될 만한 것이었다.

> 36. 침대에서 잠을 잘 때 저는 반바지에 런닝셔츠,
> 37. 집사람은 긴 티셔츠를 입고 바지를 안입고 잤습니다

41~43행의 진술은 납득하기 어려운 정보이자 중요하지 않은 정보로 이미 살펴본 바 있었다.

> 41. 이불은 방에 하나 펴고 그 아래에 다른 이불로
> 42. 바닥에 깔아 놓아 애기가 떨 바닥에 닿지 않게
> 43. 하고 있었습니다.

이제 '중요하지 않은' 정보로 수사관 Y가 새롭게 주목한 진술은 46행의 '흔들의자에 앉아 있다가' 라는 표현이었다.

46. 아침 6시쯤이었습니다. <u>흔들의자에 앉아 있다가</u>

47. 집 일어나 밥을 전자렌지에 덮히고 냉장고에서

   여기서는 진술인이 아침에 일찍 일어나야 한다는 부담감 때문에 다시 깬 후, 어디에서 무엇을 하고 있다가 흔들의자에 앉아 있게 되었는지에 대한 정보가 생략되어 있다는 점이 문제점이었다. 따라서 흔들의자에 앉기까지 무슨 일이 있었던 것인지, 혹은 흔들의자에 앉아 있을 때 무슨 일이 있었던 것인지, 그리고 본질적으로 왜 흔들의자에 앉아 있게 되었던 것인지 등 여러 가지 사항들이 궁금하지 않을 수 없었다.

   다음으로 수사관 Y는 70행과 74행에서 '쓰레기 봉지' '쓰레기'라는 단어가 거듭 등장하는 것으로 보아 이 쓰레기 봉지 내지 쓰레기가 진술인에게 생각 이상으로 중요한 의미를 갖는다고 판단했다.

68. 입었습니다. 전날 저녁 챙겨두었던 책가방과(파란색

69. 볼링 가방), 까운을 넣은 쇼핑백, 평소 들고 다니던 가방(검정색)

70. 그리고 <u>쓰레기 봉지를 가지고</u> 나왔습니다.

71. 뽀뽀를 해주고 나왔습니다. 문 잠궈하면서 저는 시간이

72. 늦어 급하게 <u>엘리베이터를 타러가서</u> 내려왔습니다.

73. 내려와서 <u>경비원 아저씨에게 (얼굴이 넓은 사람)에게</u>

74. <u>목례를 하고 쓰레기를 버리러 갔습니다.</u>

쓰레기 봉지는 '그리고'라는 연결 어구를 통해 진술인이 '전날 저녁 챙겨 두었던 책가방'과 '까운을 넣은 쇼핑백' '평소 들고 다니던 가방'과 동급으로 격상되었고, '들고 나온' 것이 아니라 '가지고 나온' 것이라는 점에서 더욱 그 중요성이 부각된다고 할 수 있었다.

그러므로 우리는 쓰레기 봉지를 가지고 나오거나 쓰레기를 버리러 간 행동이 진술인에게 왜 의미 있는 행동이 되는가를 생각해 보지 않을 수 없는 것이다. 진술서만으로는 쓰레기 봉지에 무엇이 들어 있었을지 더 이상 추론하기는 불가능하지만 어쨌거나 추가 수사가 필요함을 말해 주기에 충분한 대목이다.

72행에서 볼 수 있는 것처럼 진술인이 엘리베이터를 '타러가서 내려왔다'고 한 점도 주목을 끌었다. 집에서 나와 엘리베이터를 '타러 가는' 행동 역시 보통은 우리에게 중요하지 않은 정보이기 때문이다.

또한 경비원 아저씨(얼굴이 넓은 사람)에게 목례를 한 것도 우리에게는 '중요하지 않은' 정보이자 진술인에게는 두 배로 중요한 사항이 되는데, 진술인이 굳이 그냥 '인사'도 아닌 '목례'라는 표현을 사용하고, 그 경비원의 인상착의까지 명확히 진술하고 있는 점은 대단히 인상적이며, 과연 진술인이 이를 기억해야 할 내적인 필요가 무엇이었을지 자문해 볼 대목이 아닐 수 없었다.

경비원에 대한 진술인의 이러한 주의와 관심은 집에 불이 났다는 연락을 받고 현장으로 달려가는 긴급한 상황의 진술에서도 또다시 나타난다. 무엇이 진술인으로 하여금 지속적으로 경비원에 대한 선택적 주의를 집중하게 만든 것일까?

131. 우는 소리가 들려 기분이 이상했습니다. 경비원실을
132. 보니 평소 있던 사람이 아닌 두사람이 있었습니다.

수사관 Y는 다음으로 78~93행에 기술된, 진술인이 차를 몰고 병원으로 출근하는 장면을 주목했다.

78. 다시 돌아와 차 있는데로 가동에서 내려와 공중전화
79. 박스를 지나서 우측에 지난밤 빈자리에 세웠던 곳(중간쯤)에서
80. 차를(서울4머9111) 프라이드를 타고 동명여고 뒷길로 가서
81. 역촌동 사거리에서 좌회전하여 지하철 공사하는 길에서(성산대교
82. 방향으로 가는데 평소보다 두배거리, 평소에는 잘 뚫리던
83. 곳이 정체되어 있었습니다. 라듸오 방송을 들어보니 감기들은
84. 아나운서(교통방송)가 멘트에서 감기들어 얘기하니 목소리가
85. 다르다는 것과 오늘이 어제 방송사생일인데 일요일이어서
86. 오늘 대신한다는 것 그리고 8시부터는 시장후보들이 나와서

87. 교통정책을 설명한다는 등의 안내를 해주고 있었습니다.

88. 그리고 성산대교에서 삼중추돌을 일으켜 교통이 막힌다는

89. 이야기를 들었었습니다. 행주대교로 돌아갈까 하다가 어차피

90. 다리만 건너면 뚫릴테니까 그냥 가자하면서, 약 30분정도

91. 막히는데서 있었고 다리 지나면서 시계를 보니 8시 가 약간

92. 안되어 있었습니다. 다리 지나고서는 길이 막히지 않아 쉽게

93. 갈수 있었습니다. 병원에 도착하니 약8시10분경쯤이었고

이 부분과 관련해서는 진술인이 왜 그렇게 출근하는 길을 자세히 묘사했으며, 당일 아침 라디오 방송의 세세한 내용까지 밝혀 적고 있는지, 특히 8시를 중심으로 한 시간대가 진술인에게 민감한 시간대가 되고 있는 이유는 무엇인지 등에 대한 질문이 필요해 보였다.

또한 83~89행에서 볼 수 있듯이 라디오를 통해 들었다는 아나운서의 멘트는 8시에 가까운 시간에 흘러나온 것으로 추정할 수 있고, 91~92행에서 진술인 스스로도 '8시가 약간 안 되어 있었다' 고 진술하고 있는 것으로 보아 90행의 '약 30분 정도 막히는 데서 있었다' 는 진술이 과연 사실일 것인지 상당한 의문이 드는 것이었다.

마지막으로 96~103행에 걸쳐 나타나는 일련의 진술들, 즉 간호사와 함께 병원 문을 열고 들어간 이후 비뇨기과 환자 한 명이 나타

나기까지의 내용들도 '중요하지 않은' 정보로 분류가 가능할 것 같았으나, 수사관 Y로서는 왜 진술인에게 두 배로 중요한 내용이 될 것인지는 선뜻 감을 잡기가 어려웠다.

> 96. 제가 해보니 열렸습니다. 들어가서 우선 둘러보니 처치실에
> 97. 물이 있어서 소독액이 샜냐하고 용기를 바꾸었습니다.
> 98. 방사선과 현상실에 있는 났던 조그만 그릇에 항문경을
> 99. 옮겨 담았습니다. 소독액은 와이덱스라는 녹색의 액체였습니다.
> 100. 그리고 보니 물이 샜던 곳은 처치실 앞의 라디에이터에서
> 101. 조금씩 나오고 있었습니다. 그곳을 비닐과 면봉의 나무를 이용해
> 102. 막았습니다. 약품이 무엇이 있나를 보면서 없는 약을
> 103. 적고 하였습니다. 그러는 중에 비뇨기과 환자가 한명

처치실에서 소독약의 용기를 바꾸고, 물이 샜던 곳을 손보고, 없는 약품을 기록한 일 등은 과연 진술인에게는 어떤 의미가 있는 행동이었을까?

2. SCAN 기법의 응용, 거시분석을 해 보다

1) 진술의 전반적 정서

수사관 Y는 이제 진술 내용에 대한 거시분석에 들어가면서 무엇보다도 이 진술을 하고 있었을 당시의 진술인의 심정을 헤아려 보기로 했다.

즉, 진술인이 과연 처와 자식이 누군가에 의해 참혹하게 피살되고 자신의 집에 화재까지 일어난 피해자의 심정에서 이 글을 썼던 것인지, 아니면 처와 자식을 살해하고 현장을 은폐했으면서도 죄의 대가를 모면하고자 하는 범인의 입장에서 썼던 것인지를 묻는 일이 그것이었다.

나아가 진술인 자신이 피해자인데도 불구하고 억울하게 범인으로 의심받게 된, 피맺힌 심정으로 쓰고 있는 경우까지를 고려해 보았다.

그런데 수사관 Y의 판단으로는 최소한 이 진술서 내에 피해자로서의 진정한 슬픔, 분노, 절망 등의 감정이 실려 있지 않다는 점에 누구나 공감할 수 있을 터였다. 그보다는 일종의 감정적 정연함, 담담함, 심지어 냉정함이 진술을 통해 숨길 수 없이 배어 나오는 듯이 여겨졌다.

114. 그러던 중 장모님에게서 전화가 왔다는 간호사의 말을 듣고
115. 방안에 있던 무선전화기를 빼서 들고 통화를 했는데
116. 집에 불이 났다는 거였고, 전화번호를 하나 가르쳐줬습니다
117. 책상에 받아적고, 전화를 거니 전에 살았던 사람이었습니다
118. 본인이 그렇게 얘기를 해서 알았습니다. 집에 불이나서
119. 소방서에서 오고 경찰서에서 오고 해서 했는데 아무도
120. 집주인이 없어서 찾고 있다고 했습니다. 일단 빨리 오시라고
121. 했습니다. 내과병원에(진주 내과) 전화를 해서
122. 집사람 남주 도착했냐고 하니 안왔다고 했습니다(간호원이)
123. 집에 불이 났으며 빨리 가야겠다고 생각을 하고 간호사들에게
124. 집에 일이 있어서 가니 혹시 안들어오면 6시에 퇴근하라고
125. 하고 떠났습니다. 병원 바로 옆 항상 주차시키는 곳에서
126. 꺼내 달렸습니다. 비상 깜박이를 켜서 저희 흥분상태를
127. 조심하라는 경고와 함께 달렸습니다. 신행주대교를 건너
128. 신원당을 지나 서오능길로 달렸습니다. 연신전철역
129. 앞에서 우회전을 해서 집으로 갔습니다. 차를 전화박스로
130. 전에 돌기전에 세워놓고 뛰어 올라가면서 들으니 어디선가
131. 우는 소리가 들려 기분이 이상했습니다. 경비원실을
132. 보니 평소 있던 사람이 아닌 두사람이 있었습니다.
133. 엘리베이터를 타고 올라가보니 장모님이 울고 계셨습니다.

134. 사람이 죽었다는 것이었습니다. 방으로 현관을 지나
135. 들어가려고 하니 제지를 당했습니다. 저는 현관문을 치면서
136. 또 도대체 어떻게 된거냐고 했습니다. 그러던 중에
137. 제가 주저앉아 제 왼손으로 제 오른 팔꿈치 근처를
138. 쥐었습니다. 도저히 믿기지 않았습니다.

이러한 느낌을 J검사에게 전하자 J검사는 고개를 끄덕였다.

"전반적으로 그러한 인상을 주는 것이 사실이지요. 무엇보다도
진술인이 장모로부터 자기 집에 불이 났다는 연락을 받은 이후의
행동과 감정 표현은 주목할 만합니다. 도저히 자기 집에 불이 난 사
람의 행동이라고는 할 수 없을 정도이지요.

우선 116행의 '집에 불이 났다는 거였고'라는 표현부터 납득이
안 됩니다. '우리 집'이 아닌, 그저 '집'에 불이 났다고 하고 있을
뿐만 아니라 그 상황을 떠올리는 데 따른 여하한 감정도 나타나 있
지 않지요. 집에 불이 났다는 말을 들었을 때, 일반적으로 우리는 일
단은 놀라면서 그것이 사실인지 믿을 수 없다는 반응을 보일 겁니
다. 그러고 나서 그것이 사실인지 확인하려고 하겠지요. 이때 집 안
에 있을지 모르는 가족의 안전 여부를 가장 먼저 물어보고, 곧장 현
장으로 달려가는 것이 다음 수순이 될 것입니다.

그런데 진술인의 경우는 집에 불이 났다는 연락을 받고, 장모가 알려 준 전화번호로 전화를 걸어서 전에 살던 집주인과 통화를 합니다. 여전히 별다른 행동 반응이나 감정적 동요가 전혀 없는 채로요.

이어서 한 행동이 아내의 병원에 전화를 걸어 '집사람 남주가 도착했냐'고 물은 것이지요. 짐작했겠지만, 여기서 '도착했냐'는 표현 역시 문제입니다. 이것은 진술인이 아내가 병원에 출근하러 집을 떠났다는 것을 확실히 알고 있었을 때나 할 수 있는 말이지요. 물론 남편으로서 평상시 아내의 출근 시간을 알고 있을 수 있었겠지만, 아내가 병원을 향해 떠났다는 것을 명확히 알고 있지 못한 상태에서는 '집사람이 병원에 나왔느냐' 혹은 '집사람이 있느냐'라고 묻는 것이 자연스러운 것입니다.

따라서 간호사에게 했던 이런 질문 자체가 오히려 아내가 죽은 것을 알고 있으면서도 모르는 것처럼 가장한 것이 아닌지 의심하게 만드는 요소로 작용하고 있지요. 또한 아내가 병원에 '안 왔다'는 사실에 대해 의혹이나 불안과 같은 어떠한 감정의 표현도 없이 '집에 불이 났으며 빨리 가야겠다는 생각을 하고'라는 진술이 곧바로 이어지고 있습니다.

이것은 지극히 논리적으로 만들어진 감정이지요. 그러기에 과연 그 당시에 그런 생각을 실제로 했는지도 의문이 아닐 수 없습니다. 즉, 이 진술은 진술서를 쓸 당시에 떠오른 생각일 수 있다는 말입니다.

이러한 의문은 바로 다음 124~125행의 '집에 일이 있어서 가니 혹시 안 들어오면 6시에 퇴근하라고 하고 떠났습니다' 라는 진술에 의해 더욱 증폭됩니다. 자신의 집에 불이 났다는 연락을 받았는데, 집에 불이 났다는 사실을 직접 거론하지 않고, 일상적이자 통상적인 경우에서처럼 '집에 일이 있어서' 라는 표현을 쓴 것은 상당히 이해하기 어려운 부분입니다.

또 '혹시 안 들어오면' 이라는 말 역시 진술인이 처한 당시 상황을 고려해 보면 자연스럽지 못한 표현이라 할 수 있지요.

다음으로 126행의 '비상 깜박이를 켜서 저희 흥분상태를 조심하라는 경고와 함께 달렸습니다' 라는 진술 역시 '흥분' 이라는 감정을 표현하고는 있으나, 이는 문자상으로의 흥분일 뿐 진정한 감정이나 행동 반응은 결여되어 있는 것이 발견됩니다.

130~131행의 '뛰어 올라가면서 들으니 어디선가 우는 소리가 들려 기분이 이상했습니다.' 라는 진술은 어떤가요? 어째서 기분이

이상했던 것인지 질문을 던지지 않을 수 없게 되지요. 그런데 진술인이 이 시점에서 이미 불행한 사태에의 예감을 내비치고 있다는 점은 의미심장합니다.

이제 134행의 '사람이 죽었다는 것입니다' 라는 진술과 그 이후의 대목이야말로 가장 문제적인 부분으로 간주할 수 있습니다. 여기서 진술인은 어떤 사람이 죽었다는 것인지조차 전혀 묻지 않고 있지요. 그러면서 진술인이 보인 감정적 반응의 표현은 '도대체 어떻게 된 거냐' '도저히 믿기지 않았습니다' 라는 말 정도입니다.

그러나 이러한 반응은 진정으로 슬퍼하거나, 억울해하거나, 또는 과연 누가 이런 짓을 했는지 분해하는 감정과는 전혀 무관해 보인다는 것이 문제입니다. 단지 이런 일을 현실로 받아들이기 어렵다는 뜻이 들어 있는 '양면적 문장' 일 뿐이라는 거지요."

2) 진술의 균형과 시간의 문제

수사관 Y는 꼼꼼한 검토가 요구되는 '진술의 균형' 분석을 시도해 보기로 했다. 이 사건의 성격은 살인과 방화로 정리되는데, 진술인이 피해자의 심정에서 진술하는 경우와 범인의 심정에서 진술하는 경우가 다르게 나타날 수 있을 것으로 생각되었다.

제시된 진술서는 작성일자와 이름을 제외하면 138줄의 분량이었다. 물론 앞뒤 부분이 약간 훼손된 탓에 원 진술서보다는 분량상 줄어든 상태였다. 그러나 주요 부분이 고스란히 남아 있기에 일단 138줄을 대상으로 진술의 균형을 짚어 보기로 했다.

진술인이 피해자로서 진술을 한 것이라면 '사건 중'은 114행, 즉 장모님에게서 집에 불이 났다는 연락을 받은 대목부터 시작된다고 할 수 있었다. 따라서 사건 전∶사건 중∶사건 후의 분량이 113줄∶ 25줄∶0줄로 나타나 진술의 균형이 맞지 않았다.

일반적으로 피해자의 심정에서 진술하는 경우, 사건 전보다 사건 중과 사건 후의 비중이 높게 나타나는 것이 보통이고, 사건 후보다 사건 전의 비중이 높은 것은 기만적인 진술의 특징이다. 그러므로 직관적으로 파악할 수 있었던 것과 같이 이 진술서는 피해자의 심정에서 진술한 것으로 보기 어렵다는 판단이 내려졌다.

그렇다면 진술인이 범인의 심정에서 진술서를 썼거나, 그도 아니면 억울하게 범인으로 몰린 상황에서 쓰였을 가능성이 남게 된다. 그런데 어느 경우이건 간에 이때 쟁점이 될 만한 사건이 무엇인지를 규정하기가 쉽지 않아 진술의 균형을 논하기가 어렵다는 생각이 들었다.

그래서 수사관 Y가 택한 방법은 진술인이 비교적 상세한 진술을 전개하고 있는 1988년 6월 11일과 12일 이틀간의 행적을 시간대별로 비교·분석하는 것이었다.

우선 진술인을 중심으로 진술인 및 관련인들의 6월 11일 행적을 보면, 아침 9시에 병원 도착, 10시에 간호사 출근, 오후 3시에 간호사 퇴근, 저녁 8시에 퇴근해서 집 도착, 9시경 식사준비를 한 것까지는 주관적 시간이 1~2줄로 비교적 간략하게 기술되어 있었다. 이것은 특별한 사건이나 상황이 발생하지 않은 일상적인 하루를 보낸 사람이 쓸 수 있는 정도로서 지극히 평범하다고 할 수 있었다.

다만 저녁 9시부터 10시까지 저녁준비와 누나와 통화하는 장면에서 무려 시간당 11줄의 주관적 시간을 소비함으로써 진술인이 이 부분을 상당히 중요하게 여기는 것을 알 수 있었다.

그런데 정작 이 대목에서 진술하고 있는 주요 내용인 누나와의 통화 내용 자체는 여동생의 차사고 처리과정과 누나의 집 이사에 대한 것으로서 수사관의 입장에서는 그다지 중요하지 않은 정보로 분류할 수 있었다. 따라서 그 진술은 역으로 진술인에게는 두 배로 중요한 것일 수 있었는데, 그것이 왜 중요한 것인가는 진술서상으로는 더 이상 추론하기가 곤란했다. 그리고 이후 11시부터는 잠을 잔 것으로 되어 있었다.

이로써 6월 11일은 전체적으로 시간당 평균 1.25줄의 주관적 시간을 사용하고 있는 것으로 분석되었다.

그러나 6월 11일의 행적은 이와는 사뭇 달랐다. 우선 아침 5시에 일어난 대목부터 예사롭지 않았다. 진술인은 애기 때문에 깨서 우유를 먹이는 것으로 하루를 시작했다. 5시부터 6시까지 1시간 동안 6줄의 주관적 시간을 사용했다. 6시부터 8시 10분, 병원에 도착할 때까지는 2시간 10분이라는 객관적 시간 동안 총 48줄을 사용하여 시간당 24줄의 주관적 시간을 사용한 것으로 나타났다.

그러나 이 시간대 이후에는 객관적 시간에 대한 기술이 전혀 없어 객관적 시간과 주관적 시간을 비교하기조차 어렵게 되었다. 결론적으로 진술인이 가장 중요하고 민감하게 여기는 시간대는 바로 이 6월 12일 아침 6시부터 8시 10분까지라고 할 수 있었다.

그중에서도 86, 91, 93행에서 각각 '8시' '8시 약간 안 되어' 또는 '8시 10분'이라고 하여 8시를 세 차례나 언급하고 있는 것이 눈길을 끌었다. 이렇게 동일 시각을 연거푸 언급하는 것은 그만큼 진술인이 이 8시 부근을 민감하게 의식하고 있다는 것을 보여 주는 것으로밖에 해석할 수 없었다.

　당시의 수사팀이 진술인을 수사선상에 놓고 있다는 사실만으로 전날 아침에 대한 진술과는 그토록 차이 나는 주관적 시간의 진술이 이루어질 수 있었던 것일까?

(1) 6월 11일 행적, 객관적 시간과 주관적 시간 비교

객관적 시간	주요 행적	주관적 시간
09:00~10:00	병원 도착(9시), 장비사용법 청취	2.5줄(시간당 2.5줄)
10:00~15:00	간호사 출근(10시), 간호사 퇴근(3시)	1줄(시간당 0.2줄)
15:00~20:00	환자 치료(8시)	5줄(시간당 1줄)
20:00~21:00	식사준비(9시)	1줄(시간당 1줄)
21:00~22:00	식사, 누나와 전화	11줄(시간당 11줄)
22:00~23:00	집사람 잔다 함	2줄(시간당 2줄)
23:00~05:00	잠	4.5줄(시간당 0.75줄)

총 20시간(09:00~익일 05:00)   총 25줄
시간당 평균 줄 수   1.25줄

가장 주관적 시간이 긴 지점: 21:00~22:00(누나와 전화)

(2) 6월 12일 행적, 객관적 시간과 주관적 시간 비교

객관적 시간	주요 행적	주관적 시간
05:00–06:00	깸(5시), 애기 우유 먹임	6줄(시간당 6줄)
06:00~08:10	식사, 출근 준비, 출근 장면, 경비원 만남, 쓰레기 버림, 차 운전, 병원 도착(8시 10분)	48줄(시간당 24줄)
08:10~ 불상	병원 밖 환자 치료, 약전뭉치 확인, 장모님 연락, 전 주인과 통화 귀가 장면, 현장 상황	45줄(시간당 ?줄)

총 20시간(05:00~ 불상) 총 99줄
시간당 평균 줄 수 불상
가장 주관적 시간이 긴 지점: 06:00~08:10(출근 직전 · 후)

3) 암초효과의 작용 구간

a. 진술이 늘어지거나 머뭇거림이 나타나면서 홈집 있는 레코드판에서처럼 동일한 어구가 반복되는 대목이 있는지 살펴본다.

b. a의 상황, 즉 암초효과 이후 말실수, 단어의 변화, 불필요한 어구가 사용되었는지 살펴본다.

수사관 Y는 암초효과가 발생하는 대목으로 우선 33행에서 37행까지의 잠과 관련된 장면들을 주목했다. 여기서 '잔다'는 의미의 어휘가 7번이나 반복되었고, 이어지는 내용 역시 횡설수설하고 있는 것이 발견되기 때문이었다.

> 33. 넣어 설것이를 하였습니다. 약 10시경 집사람이
> 34. 졸립다고 먼저 잔다고 했고 저는 내일 개원준비로
> 35. 조금 일이 있으니 먼저 자라했습니다. 11시경 저도
> 36. 침대 위에서 잠을 잤습니다. 애기 수영이는 아래에
> 37. 이불에서 잤습니다. 집사람도 침대에서 잠을 잤습니다
> 38. 침대에서 잠을 잘 때 저는 반바지에 런닝셔츠,
> 39. 집사람은 긴 티셔츠를 입고 바지를 안입고 잤습니다.

진술인이 33~34행에서 아내가 먼저 잔다고 해서 자라고 한 점과 35~36행에서 자신도 침대 위에서 잠을 잤다고 한 점으로 보면, 일

단 진술인의 아내가 먼저 잠을 자고, 진술인도 침대에서 아내와 같이 잔 것처럼 보였다.

하지만 뭔가 석연치 않은 점이 있었다. 무엇보다 37행에서 '집사람도 침대에서 잠을 잤습니다' 라는 말이 다시 나오기 때문이었다. J검사도 이 점을 지적했다.

"진술인은 37행에서 '집사람도 침대에서 잠을 잤다' 고 다시 부연함으로써 우리로 하여금 앞서 언급한 '집사람이 먼저 잔다고 했으며, 자신은 먼저 자라고 했다' 는 일련의 내용을 되새겨보게 합니다. 즉, 진술상으로는 한 사람은 먼저 잔다고 했을 뿐이며, 또 한 사람은 먼저 자라고 했을 뿐이라는 점을 말입니다. 여기서 아내가 '잤다' 는 말은 어디에도 명확히 제시되어 있지 않지요.

그러니까 이 부분은 아내가 먼저 자고 있었던 경우라면, '같이 잤다' 와 같은 종류의 진술이 나와야 하는 장면이라고 할 수 있습니다. 또한 35~37행의 세 문장에 걸친 진술에서 진술인이 유독 잠을 잔 장소/위치를 강조하고 있다는 것을 알 수 있지요(동일한 패턴으로 반복되는 이 세 문장은 가족이 모두 침대 혹은 침대 아래에서 같이 잠을 잤다는 사실을 강조하고 있음에도 불구하고 아내와 남편이 각기 따로따로 자고 있는 듯한 느낌을 강하게 풍기는 부분이라 할 수 있습니다. 내면적 필요성이 작동한 의도성 있는 문장이라는 것이지요. 그리고 그것은 시간상의 불일치 결과일 수도 있고, 침대라는 장소의 불일치가 가져온 결과일 수도 있는 것입니다.).

그런데 잠과 관련된 이 대목에서 암초효과가 발생했다고 했는데, 다음날 아침의 행적과 관련해서 특이한 것이 있는지 한번 챙겨 보시겠습니까?" J검사가 불쑥 다음 할 일을 제시했다.

"무슨 말씀이신지⋯⋯ ?" 수사관 Y는 다시 물었다.

"전날에 했던 것이 다음날 빠진 것이 있는지, 혹은 다음날에는 했는데 전날에는 없었던 것이 있는지 전날과 다음날의 행적을 검토해 볼 필요가 있다는 말입니다."

이에 수사관 Y는 다시 한 번 진술서를 꼼꼼히 살펴보면서 6월 11일과 12일의 행적을 비교해 보았다.

물론 아침 행적에 대해서는 11일은 9시부터 진술이 시작되었기 때문에 양일을 직접 비교하기는 어려웠지만, 12일의 행적에서 새롭게 눈에 띄는 것은 5시경 애기에게 우유를 먹인 대목과 흔들의자에 앉아 있었던 대목이었다. 그 밖에는 별로 특이한 것이 없어 보였다.

그러자 J검사는 "우리가 하루 일상을 언급할 때 가장 일반적인 아침 장면이 '잠자리에서 일어나, 세수하고, 밥 먹고, 출근했다' 라는 것이라고 할 수 있을 터인데, 이런 언급들이 제대로 들어 있는지 확인해 보았습니까?"라고 말했다. J검사의 지적에 따라 진술서를 다시 보니, 과연 6월 12일 아침 진술인이 일어난 장면과 세수하는 장면이 나타나 있지 않았다.

하지만 수사관 Y로서는 식사하는 장면과 출근하는 장면이 있는데, 아침에 일어난 장면과 세수하거나 씻는 장면이 없다는 점을 어떻게 해석해야 좋을지 알 수가 없었다. 그러다 문득 이러한 사실을 진술인이 애기에게 우유를 먹이고, 흔들의자에 앉아 있었다는 대목과 연결해 보면, 실상은 잠을 자지 않았던 것일 수도 있다는 생각이 들었다. 물론 이것은 하나의 추정이긴 하나 유력한 가능성 중의 하나가 될 듯 싶었다.

다음으로 수사관 Y가 암초효과가 현저하게 발생하고 있는 구간으로 주목한 것은 70행의 '쓰레기 봉지를 가지고 나왔습니다' 라는 진술 이후 부분이었다.

70. 그리고 쓰레기 봉지를 가지고 <u>나왔습니다. 집사람이 따라</u>
71. <u>나오면서,</u> 복장은 목욕탕에서 나올때입은 옷(까운)을

72. 입은채로 아기는 안고서 현관에까지 따라 <u>나왔습니다</u>

73. 제가 출입문을 <u>열고 나오면서</u> 아기와(수영이) 집사람에게

74. 뽀뽀를 해주고 <u>나왔습니다</u>. 문 잠궈하면서 저는 시간이

75. 늦어 급하게 엘리베이터를 <u>타러가서 내려왔습니다.</u>

76. <u>내려와서</u> 경비원 아저씨에게 (얼굴이 넓은 사람)에게

77. 목례를 하고 쓰레기를 <u>버리러 갔습니다. 버리고 나서</u>

78. 다시 돌아와 <u>차</u> 있는데로 내려와 공중전화

79. 박스를 지나서 우측에 지난밤 빈자리에 세웠던 곳(중간쯤)에서

80. 차를(서울4머9111) 프라이드를 타고 동명여고 뒷길로 가서

81. 역촌동 사거리에서 좌회전하여 지하철 공사하는 길에서(성산대교

82. 방향으로 가는데 평소보다 두배거리, 평소에는 잘 뚫리던

83. 곳이 정체되어 있었습니다.

　'나왔다'는 장소를 떠나는 동사로서 그 자체가 불필요한 연결 어구로 해석되는데, 여기서는 곧바로 '집사람이 따라 나오면서'라는 또 하나의 불필요한 연결 어구가 반복된다. 그런 식으로 '나왔다'는 취지의 언급이 6회나 관찰되었다.

　또한 계속해서 진술은 '내려 왔습니다' '내려와서' '버리러 갔습니다' '버리고 나서'처럼 불필요한 연결 어구를 반복하면서 머뭇거리는 모습을 보여 준다. 즉, 진술인이 다음 상황에 대하여 어떻게 기술할까를 순간순간 고민하고 있기 때문에 발생하는 현상인 암초효

진술분석

과가 여실히 드러나고 있는 지점이었다.

그런데 수사관 Y는 앞서 72, 73행에서 보이는 아이의 호칭 변화를 현실의 애기 수영이가 아니라 추상적인 '아기'를 머릿속으로 생각했기 때문에 나타난 현상으로 해석한 데 대하여 완전히 해결되지 못한 의문을 품고 있었기에 이 점에 관해 J검사에게 보충 설명을 청했다.

이에 J검사의 설명이 시작되었다.

"그런 의문이 드는 것도 당연합니다. 그렇기에 그런 대담한 추론이 가능하려면 그에 상응하는 여러 가지가 뒷받침되어야 하겠지요. 다시 한 번 그 부분을 주의하여 살펴봅시다.

진술의 진행상 70행에서 쓰레기 봉지를 가지고 일단 집에서 나왔기 때문에 74행의 '나왔습니다' 처럼 다시 '나올' 수는 없지 않겠습니까? 그러므로 70행의 '집사람이 따라 나오면서' 부터 74행의 '뽀뽀를 해 주고 나왔습니다' 까지의 문장은 진술인이 집에서 나온 상황을 부연 설명하는 것이라고밖에 볼 수 없습니다.

여기서 우리는 진술인이 왜 이러한 부연 설명을 하고 있는지를 질문해 봐야 합니다. 그리고 이 질문에 답하자면, 먼저 이러한 부연 설명의 핵심이 무엇인지를 생각해 봐야 하지요. Y 수사관은 그것이 무엇이라고 생각합니까?"

"아내가 아기를 안고 현관에까지 따라 나왔고, 진술인은 아기와 집사람에게 뽀뽀를 해 주고 나왔다고 했으니까 집을 나올 때 아내가 배웅해 주고, 자신도 다정하게 이에 응하였다는 것을 강조하고 있는 거라고 할 수 있지 않을까요?"

"그렇습니다. 진술인은 아기와 아내와의 마지막 헤어지는 장면을 부연 설명하고 있다고 할 수 있습니다. 그리고 이 부연 설명을 통해 평온하고 행복한 배웅 혹은 출근 장면을 의식적으로 강조하고 있는 것이지요. 그것은 진술인 스스로 이런 순간을 제시해야만 할 내적인 필요성을 어떤 식으로든 느꼈기 때문이 아니겠습니까?

자, 그럼 지금부터는 이 진술이 경험에 의한 기억을 바탕으로 한 것인지, 아니면 머릿속 상상에 의해 지어낸 것인지를 한번 따져 보기로 하겠습니다.

먼저 70~72행의 '집사람이 따라 나오면서 복장은 목욕탕에서 나올 때 입은 옷(까운)을 입은 채로 아기는 안고서 현관에까지 따라 나왔습니다'라는 진술은 '…… 따라 나오면서 ……따라 나왔다'의 구조를 가진 문장이 되어 그 자체로 자연스럽지 못합니다. 사실 70~71행의 '쓰레기 봉지를 가지고 나왔습니다'와 '집사람이 따라 나오면서'가 자연스럽게 연결되기 위해서는 '그때'와 같은 연결 어구가 필요했다고 봅니다.

여하튼 '집사람이 따라 나오면서'로 진술을 시작했다면, 무언가 그 아내의 말이나 행동이 나타나는 것이 자연스런 흐름이 될 거라고 할 수 있겠지요. 예컨대, 아내가 '잘 다녀오라'고 했다든지, 아니면 최소한 어떤 표정을 지었다든지 하는 정도의 장면이 있어야 한다는 것이지요.

그런데 아내는 그림처럼 따라 나오기만 할 뿐입니다. 즉, '목욕탕에서 나올 때 입은 옷(까운)'이라는 말로서 아내가 입은 '복장'만을 강조하여 아이를 안은 당시 아내의 모습을 묘사한 데 대해서 우리는 진술인이 왜 이런 모습을 그려야 하는지를 납득하기 어렵게 되어 버립니다.

그렇기에 바로 이 부분에서 진술인과 그 아내 사이에 뭔가 말할 수 없는 상황이 발생했고, 그런 상황을 그냥 생략해 버림으로써 이렇듯 부자연스러운 장면이 되어 버린 것이라고 해석해 볼 수 있게 되는 것입니다. 동시에 한편으로 과연 그 아내가 현관까지 따라 나온 행동이 사실인지에 대하여 상당한 의구심을 갖게 되기도 합니다.

바로 이런 상황에서 진술인이 아이의 호칭을 갑자기 '아기'로 바꾼 것은 단순하게 볼 일이 아닌 것입니다.

사람들이 보통 자기의 젖먹이 아이를 호칭할 때, '애기' '울 애기'라고는 불러도 '아기'라고는 하지 않지요. 그런데도 진술인이 이전까지의 '애기'라는 호칭을 이 대목에서 '아기'로 말하고 있는 것은 이때의 아이가 진술인의 머릿속에서 만들어 낸 가상적이고 추상적인 '아기'임을 말해 주는 것으로 볼 수 있는 것이지요.

결국 이 71~72행 부분은 아내가 따라 나온 장면을 의식적으로 강조하기 위해 진술인이 작위적으로 만든 것이 아닌지 의심스럽다는 결론에 도달하게 됩니다."

이때 다시 수사관 Y는 그다음 문장도 마찬가지로 보인다는 의견을 말했다.

"그렇습니다. 73~74행의 '제가 출입문을 열고 나오면서 아기와 (수영이) 집사람에게 뽀뽀를 해주고 나왔습니다.'라는 진술 역시 앞서 쓰레기 봉지를 가지고 나왔다는 진술이나 그 아내가 현관까지 따라 나온 장면과 중첩되면서 거듭되는 반복으로 자연스럽지 않다는 느낌을 주게 됩니다.

그런데 73행의 '제가 출입문을 열고 나오면서'라는 표현은 진술인이 스스로의 행동을 묘사하는 것임에도 진술인의 내적 시각은 이미 밖에 있음을 전제로 한 것이어서 기억의 전진법칙에 위배되어 있음을 알 수 있습니다. 그러기에 이 장면도 진술인이 경험에 의한 기억을 진술한 것이라고 보기는 어렵습니다.

특히 68∼70행의 진술로 보아 손에는 이미 책가방과 쇼핑백, 검정색 가방, 쓰레기 봉지까지 들려 있어 아마 이 정도면 두 손 모두를 사용해야 했을 터인데, 이런 묘사를 그대로 받아들이기는 쉽지 않다는 생각이 듭니다.

> 68. 입었습니다. 전날 저녁 챙겨두었던 책가방과(파란색
> 69. 볼링 가방), 까운을 넣은 쇼핑백, 평소 들고 다니던 가방(검정색)
> 70. 그리고 쓰레기 봉지를 가지고 나왔습니다.

또한 진술인이 묘사하는 아침 출근 장면이 지극히 행복하고 평온한 것인 데 반해, 이어지는 74∼75행의 '문 잠궈하면서 저는 시간이

늦어 급하게' 라는 표현은 시간적인 급박함을 드러내고 있어 그 연결이 자연스러운 느낌을 주지 못합니다. 다시 말해, 이 문장의 앞뒤 문맥으로 보아 '시간이 늦어 급하게' 라는 표현은 당시 상황을 나타낸다고 보기에는 납득하기 어려운 진술이라 할 수 있습니다. 진술 자체로 볼 때 진술인은 일찍 집을 나서고 있는데다 쓰레기 봉지까지 챙겨 가지고 나오고 있을 정도니까요.

한편 '문 잠귀' 라는 말은 상투적인 표현으로서 그 자체가 지어 내기 쉬운 것이라는 점까지 고려해 보면, 결국 70~74행에 걸친 진술은 진술인이 아내의 배웅을 받고 나온 것을 강조하기 위해 의도적으로 포함시킨 것으로, 실제의 경험이 아니라 머릿속 상상이 빚어 낸 진술일 가능성이 높다는 결론이 나오는 것입니다.

이러한 결론이 아직 성급한 것일 수도 있습니다. 하지만 진술인이 시간이 늦어 급박하였다는 주장은 이어지는 75행 이하의 흐름과도 배치되는 것으로 나타남으로써 이러한 결론이 무리가 아니라는 것을 말해 줍니다. 즉, '엘리베이터를 타러가서 내려왔습니다' 라는 문장은 마치 제3자가 외부적 시각에서 해당 장면을 보고 묘사하는 느낌이 들고, '타러가서' 와 '내려왔습니다' 가 구분되어 있는 까닭에 문장의 호흡이 늘어지는 모습을 보이기 때문입니다.

진술분석

여기서 '타러가서'도 '장소를 떠난다'는 의미를 가진 불필요한 연결 어구로서, 그 자체가 민감한 정보를 숨기고 있을 가능성이 있는 어구라고 할 수 있습니다.

그런데 이 '엘리베이터를 타러가서'는 그 자체가 이른바 '중요하지 않은' 정보이기도 합니다. 그렇기 때문에 우리는 이 장면이 진술인에게는 반대로 두 배로 중요한 것이 됨을 인식하고 그 이유를 다시 질문해 봐야 합니다.

이런 경우 우리는 보통 '엘리베이터를 타러 갔다'거나 '엘리베이터를 타고 내려왔다'고 하지 '엘리베이터를 타러가서 내려왔다'고 표현하지는 않습니다. 그런데도 진술인이 굳이 '엘리베이터를 타러가서 내려왔습니다'라고 말하고 있는 데 우리는 주목할 필요가 있습니다. 우리는 이 문장을 읽을 때 '엘리베이터를 타러가서(엘리베이터를 타고) 내려왔습니다'라는 식으로 '엘리베이터를 타고'를 보충하지 않으면 안 되는데, 문제는 거기에 숨어 있습니다.

왜냐하면 우리가 정말 택시를 탔다면 '택시를 타러 가서 택시를 탔습니다'라고 할 필요 없이, 그저 '택시를 탔습니다'라고 표현하는 것이 경제의 원칙에 맞기 때문입니다. 그러기에 우리는 진술인이 '엘리베이터를 타러가서'라는 표현을 사용한 것은 오히려 '엘리베이터를 타지 않았을' 가능성을 시사할 수 있다는 점을 고려할 필요가 있게 됩니다.

그러한 점들을 고려하여 다시 한 번 이 문장을 분석해 보면, '엘리베이터를 타러가서'와 '내려왔습니다' 사이에 뭔가 공백이 있다는 것을 발견할 수 있습니다. 즉, 진술인은 분명 '엘리베이터를 타러가서'라고 하여 타러 갔음을 표현했을 뿐, 실제로 '엘리베이터를 탔다'는 말은 하지 않고 있다는 거지요.

그러므로 우리는 75행의 이 문장을 놓고 진술인이 당시 상황을 묘사하는 과정에서 우연히 그렇게 진술하고 있다고 보기보다는 '엘리베이터를 타러 간' 장면과 '내려온' 별개의 장면을 무리해서 연결하다 보니 그렇게 된 것이라고 보는 게 타당하다는 결론을 내릴 수 있습니다.

그러고 보면 '엘리베이터를 타러가서 내려왔습니다'라는 이 표현이 왜 진술인에게 두 배의 중요성을 갖는지를 이해할 여지가 생기게 되는데, 우리는 진술인이 엘리베이터를 타러 갔지만 타지 않고 달리 내려왔을 가능성을 조심스럽게 고려해 볼 수 있는 것이지요.

이제 수사관 Y는 연결 어구를 분석하면서 갖고 있던 의문 하나를

진술분석

더 질문하였다.

"여기 쓰레기 봉지를 가지고 나온 대목 부분에서 암초효과가 나타나는 것은 알겠는데, 구체적으로 어느 대목이 가장 민감한 부분인가요?"

"70행에서 78행, 즉 쓰레기 봉지를 가지고 나온 대목부터 '차있는 데로 가동에서 내려오는' 대목까지가 이 진술서에서 가장 민감한 부분이라 할 만합니다.

실제로 진술인은 시간대별로 꼼꼼하게 진술을 하면서도 정작 가장 중요한 시점인 집에서 나온 시간을 생략하고 있지 않습니까? 스스로 시간이 늦어 급하게 엘리베이터를 타러 갔다고 말하면서도 집에서 병원을 향해 떠난 출근 시간을 기재하지 못한 점을 각별히 주목해야 합니다.

이러한 점은 이미 살펴본 것처럼 70~74행의 진술이 집에서 배웅하는 아내의 모습을 의식적으로 강조한 상황으로서, 경험에 의한 기억의 서술이라기보다는 상상으로 지어낸 서술로 해석되는 것과도 관련이 있습니다.

우리가 무엇보다도 주목을 해야 하는 부분은 77행의 '쓰레기를 버리러 갔습니다. 버리고 나서'라는 표현입니다. 바로 앞에서 '나왔다'는 취지의 언급이 6회에 걸쳐 반복된 것처럼 '버리다'가 다시 2회 반복되고 있고, 이는 그 자체가 불필요한 연결 어구라는 것입니다.

사실 '쓰레기를 버리러 갔습니다.'라는 표현 역시 장소를 떠나는 동사이므로 민감한 정보를 숨기고 있을 가능성이 있는데다가 '쓰레기 봉지'나 '쓰레기'도 보통은 중요하지 않은 정보입니다. 그런데도 진술인이 이를 두 번씩이나 언급하는 것을 보면 진술인이 이 '버리는' 문제를 뜻밖에도 상당히 중요하게 여기고 있다는 뜻이 됩니다. 물론 우리는 왜 그 사항이 그렇게 진술인에게 중요한 것인지 계속 질문해 봐야겠지요.

이처럼 불필요한 연결 어구와 '중요하지 않은 정보'가 등장하고, 암초효과가 발생하는 이런 대목을 마주할 때, 우리는 이어지는 문장이나 어구에 대하여 강한 경계를 보여야 마땅합니다.

그런데 이런 상황에서 진술인은 '버리고 나서 다시 돌아와'라고 함으로써 결정적으로 중요한 정보를 드러내고 있습니다. 즉, 78행의 '다시 돌아와'는 얼핏 읽으면 '차 있는데로'와 연결 지어 '차 있는

데로 다시 돌아와' 라는 뜻으로 생각할 수 있으나, 진술인은 쓰레기를 버리러 갔을 뿐 아직 차 있는 데로 간 적이 없기 때문에 '차 있는 데로' 다시 돌아올 수 없음은 분명하다는 점이지요.

그렇다면 진술인이 다시 돌아온 것은 어디이겠습니까? 그것은 어쩌면 '집으로' 가 될 수도 있다는 점을 생각해 보아야 합니다. 왜냐하면 쓰레기를 버리러 집에서 나갔으니 진술의 전개상 다시 돌아올 곳은 집이 되는 것이 자연스럽기 때문입니다.

따라서 우리는 '버리고 나서 다시 돌아와' 와 '차 있는데로 가동에서 내려와' 라는 진술 사이에서 시간적 · 공간적 간극을 발견하게 되며, 바로 이 지점에 '없어진 정보' 가 은폐돼 있다는 것을 확신하게 됩니다."

그러나 수사관 Y로서는 이렇게 '다시 돌아와' 라는 한 마디를 가지고 진술인이 과연 집으로 다시 돌아왔다고 할 수 있을는지 강한 의문이 들었다.

46. 아침 6시쯤이었습니다. 흔들의자에 앉아 있다가
47. 집 일어나 밥을 전자렌지에 덮히고 냉장고에서
48. 반찬을 꺼내고 있는데 집사람이 일어나며 자기가

49. 국을 데워주고 밥도 몇분 데웠냐하며 너무 시간이 적다고

50. 다시 데워졌습니다. 국은 콩나물국이었던 것 같고

51. 밥은 쌀밥이고 반찬은 오징어 채무침, 김치(배추) 2가지

52. 신김치, 생김치 등 프라스틱에 있는 것을 그대로 먹 놓고

53. 먹었습니다. 식사중 집사람은 샤워를 하고 식사 끝 무렵

54. 샤워를 끝내고 나왔습니다. 흰 타월지 까운을 입었는데

55. ~~속에는 어땠는지 평소에는 팬티만 걸치거나 안입거나~~

56. ~~했습니다.~~ 속에는 어떤 팬티를 입었는지 잘 보지

57. 못하였으며 당시 머리를 감아 머리카락이 물에 묻어

58. 촉촉한 모습이었고 식사후 밥그릇과 국그릇, 수저등은

59. 세 싱크대에 놓고나서 "반찬을 어떻게 할까 하니까

60. 자기가 먹어야되니 그대로 놔두라했습니다. 그래서

61. 제가 먹다가 남은 반찬은 식탁위에 그대로 놔뒀습니다.

62. 집사람의 밥은 밥그릇에 있는 상태에서 랩으로 싸여

63. 있었습니다. 그런데 그 밥은 어제 저녁에 여분으로 아침까지

64. 한 것이었습니다. 이는 그 전날부터 서로 아침에 일찍

65. 일어나서 두사람 고생하느니 제가 일찍 일어나 데워먹고

66. 가기로 (전자렌지에) 약속을 했습니다.

J검사는 다시 설명을 시작했다.

"물론 실수로 그렇게 적었다고 보아 넘길 수도 있겠지만, 우리가 글을 쓸 때는 말로 할 때보다 더욱 숙고하고 단어나 어휘 사용에 의

진술분석

식적이 되기 때문에 상대적으로 우연히 적는 것은 어렵다고 할 수 있습니다.

　그러면 다시 집으로 돌아온 것을 확인시켜 줄 만한 대목이 진술서 안에 들어 있는지 다시 한 번 들여다볼 필요가 있습니다."

　수사관 Y는 자못 궁금해졌다.

　"어디를 봐도 다시 돌아온 흔적은 없는 것 같은데요."

　J검사는 설명을 이어 나갔다.

　"여기서 우리는 SCAN의 수박이론을 다시 한 번 상기해 봐야 합니다. 기억은 칼로 수박을 자르듯이 깨끗하게 도려내어지는 것이 아니라, 손으로 수박을 파내는 것처럼 연상작용에 의해서 다른 부분까지 같이 딸려 나온다는 것이지요.

　제 개인적으로 이 진술서를 읽다가 가장 인상에 남는 대목이 바로 62~63행의 '집사람의 밥은 밥그릇에 있는 상태에서 랩으로 싸여 있었습니다.' 라는 부분이었습니다. 이 문장은 63~66행의 '그런데 그 밥은 어제 저녁에 여분으로 아침까지 한 것이었습니다. 이는 그 전날부터 서로 아침에 일찍 일어나서 두 사람 고생하느니 제가 일찍 일어나 데워 먹고 가기로 (전자렌지에) 약속을 했습니다' 라는 진술까지 이어지는 것이지요.

그런데 여기서 우리는 진술인이 왜 '그런데' 이하의 설명을 추가하고 있는지, 즉 그렇게 설명을 해야 할 내적인 필요성이 있었던 것인지를 질문해 봐야 합니다. 왜냐하면 '집사람의 밥' 이 어찌된 것인지를 굳이 설명하고 있는 62~63행은 이른바 '순서에 벗어난' 정보이자 '중요하지 아니한' 정보로서 진술인 본인에게는 두 배로 중요한 것이 되기 때문이지요. 그것이 왜 진술인에게 그렇게 중요한 내용이 되는지 따져 봐야 한다는 것입니다.

이미 진술인과 그 아내 간의 대화 의사소통에서 살펴본 것처럼 이 '약속을 했다' 는 표현에 대해서도 좀 더 생각을 해 봐야 합니다. '약속을 했다' 고 말하려면 보통은 두 사람이 서로 진지하게 의견을 교환하고 그것에 대하여 의견의 일치를 보아야 할 것입니다. 문제는 진술인의 전날 행적 어디에서도 그렇게 약속을 할 만한 상황에 대하여 언급하고 있지 않다는 것이지요.

그 전날 밤의 상황은 33~39행에서 제시되고 있는 것이 전부로서 약 10시경 진술인의 아내가 졸립다고 먼저 잔다고 해서 자라 했고,

진술인은 11시경 침대에서 잤으며, 그 아내도 침대에서 잤다는 것에 대한 기술밖에 나타나 있지 않습니다. 그런데 사실 이 대목도 진술인이 먼저 자라고 말한 시점과 그 아내가 침대에서 잤다는 표현 사이에 상당한 시간적 공백이 자리하고 있는 것이 관찰되고, 11시경 진술인이 잠을 자고 난 이후 집사람도 침대에서 잔 것 사이에도 문장 자체의 거리만큼 시차가 있다는 것을 알 수 있습니다.

아무튼 이 시간적 공백 사이에 약속을 하게 된 사건이나 상황이 숨겨져 있다는 결론이 나오게 되지요. 아니면 약속 자체가 없었던 것을 지어낸 것이 될 것이고요."

33. 넣어 설것이를 하였습니다. 약 10시경 집사람이
34. 졸립다고 먼저 잔다고 했고 저는 내일 개원준비로
35. 조금 일이 있으니 먼저 자라했습니다. 11시경 저도
36. 침대 위에서 잠을 잤습니다. 애기 수영이는 아래에
37. 이불에서 잤습니다. 집사람도 침대에서 잠을 잤습니다
38. 침대에서 잠을 잘 때 저는 반바지에 런닝셔츠,
39. 집사람은 긴 티셔츠를 입고 바지를 안입고 잤습니다.

그럼 '집사람의 밥'이 어째서 진술인에게 두 배로 중요한 것인지의 문제로 다시 돌아가 봅시다.

진술인은 46행 이하에서 아침에 먼저 일어나 밥을 전자레인지에 덥히고 냉장고에서 반찬을 꺼내고 있었는데, 그때 아내가 일어나 국을 데워 주고 밥도 '몇분 데웠냐'고 물으며 너무 시간이 적다고 다시 데워 줬다고 적고 있습니다.

　계속해서 진술인은 자신의 식사 중 아내는 샤워를 하고 나왔고, 식사 후 밥그릇, 국그릇, 수저 등은 싱크대에 놓고 나서 '반찬은 어떻게 할까' 하니까 아내가 자기가 먹어야 되니 그대로 놔두라고 해서 먹다가 남은 반찬은 식탁 위에 그대로 놔뒀다고 진술합니다.

　상황이 그렇다면, 그 시점에 식탁 위에는 뭐가 남아 있겠습니까?

　다시 말해, 진술인이 자기 밥그릇과 국그릇, 수저는 싱크대에 넣었다고 했으니 이제 남은 것은 그 아내가 놔두라고 한, 먹다가 남은 반찬밖에 없지 않겠습니까?

　그런데도 진술인은 갑자기 62~63행에서 '집사람의 밥은 밥그릇에 있는 상태에서 랩으로 싸여 있었습니다'라고 당시의 장면을 회상하여 버립니다. 바로 수박이론이 적용되는 대목이지요. 여기서 문제는 그 '집사람의 밥'이 지금 어디에 놓여 있느냐는 것입니다. '어디에?'라고 질문하는 순간, 우리 모두는 곧바로 '식탁에'라고 답할 수밖에 없는 장면입니다.

즉, 식탁에는 자기가 먹다가 만 반찬, 집사람이 그냥 놔두라고 했던 반찬만이 있어야 하는데, 진술인은 갑자기 랩으로 싸여 있는 아내의 밥이 식탁 위에 놓여 있는 장면을 연상 작용에 의해 순간적으로 떠올리고 그 장면을 그대로 묘사해 버린 것이지요.

62~63행의 이 문장은 이 진술서의 어느 묘사보다도 팩트(fact)인 것으로 보입니다. 의지와는 무관하게 묘사해 버린 그 한 컷의 장면은 57~58행에서 아내가 샤워를 끝내고 나온 모습을 '당시 머리를 감아 머리카락이 물에 묻어 촉촉한 모습이었고'라고 묘사한 부분보다 훨씬 강한 인상을 줍니다.

사실 이 머리카락이 촉촉하게 젖은 모습은 회상적 장면으로서, 약간은 작위적인 느낌을 주는 면도 없지 않지만, 시각적인 부분과 촉각적인 부분이 동시에 나타나는 공감각적인 묘사를 하고 있다는 점에서 그런 장면이 아예 없었다고 보기 어렵습니다. 어쨌거나 진술인은 이제 이미 써 버린 말에 대해 63행의 '그런데' 이하의 언급에서처럼 어찌된 것인지를 설명해야 할 필요성을 느끼지 않을 수 없게 된 것이지요.

그러면 이제는 진술인이 식탁 위에 놓인 '집사람의 밥'을 언제 보았을까라는 문제가 남게 됩니다.

물론 이 문제는 그 '집사람의 밥'이 언제 식탁 위에 놓여져 있었는가의 문제와도 연결되겠지만, 그것을 따지기보다는 우선 쓰레기 봉지를 '버리고 나서 다시 돌아와' 라고 말한 장면을 상기해 보기로 합시다.

만약 진술인이 쓰레기 봉지를 버리고 나서 다시 돌아온 곳이 집이라면, 그리하여 여전히 집 식탁 위에 덩그렇게 놓인 '집사람의 밥' '랩으로 싸인 밥 한 그릇', 누구도 먹지 못한 그 '밥 한 그릇'을 보았다면, 그렇기에 그 장면이 진술인에게 강한 인상을 심어 주었고, 식사 및 식탁의 상황을 묘사하다가 갑자기 그 장면이 떠오르게 된 것은 아닐까 하는 결론에까지 이를 수 있게 됩니다. 이렇게 본다면 문제는 반쯤 해결된 셈이지요."

수사관 Y는 J검사의 관찰과 추론에 놀라지 않을 수 없었다. "결국 쓰레기를 버리고 나서 다시 집으로 들어왔다가 식탁 위에 놓인 '집사람의 밥'을 마지막으로 봤을 수 있다는 것이라는 말씀이네요."

"진술서상으로는 그렇다는 것입니다. 물론 그전에도 식탁 위에 있던 '집사람의 밥'을 봤을 수 있겠습니다만, 어쨌거나 그 장면은 식탁과 관련되어 있고, 또 진술인에게 그만큼 강한 인상을 준 마지막 장면이어서, 연상작용에 의해 자기도 모르게 결국 그 장면을 기술하게 되었다고 보는 거지요.

우리가 알다시피 이 사건은 진술인이 출근한 시간과, 집에 화재가 난 시간 사이의 시차가 커서 영구 미제로 되어 버린 것 아니겠습니까? 그런데 진술인이 출근한다고 집을 나섰다가 다시 집으로 돌아오는 상황이 있었다면 어떻게 될까요?"

수사관 Y는 즉각 대답했다.

"그랬다면 사건의 방향이 바뀔 수도…… 그러고 보니 진술인이 차를 몰고 병원으로 출근하는 상황의 기술을 왜 그렇게 늘어지게 하고 있는지 조금은 이해가 됩니다."

"바로 그렇습니다. 진술인은 가동에서 내려온 후 차를 타고 병원으로 가는 과정에 78행에서 93행까지 무려 16줄을 들이고 있습니다. 길게는 한 시간, 짧게는 30분 남짓한 객관적 시간에 대해 무려 16줄의 주관적 시간을 들이고 있는 것이지요. 진술인으로서는 그 부분이 그만큼 중요하여 공을 들이고 있는 것이라고 할 수 있습니다.

게다가 유심히 살펴보면, '평소보다 두배거리' '평소에는 잘 뚫리던 곳이 정체되어' '성산대교에서 삼중추돌을 일으켜 교통이 막힌다' '약 30분 정도 막히는 데서 있었고' 운운 하면서 출근 시간이 오래 걸렸다는 점을 집중적으로 강조하고 있고, '8시'를 세 번씩이나 거론할 정도로 그 시간대를 민감하게 느끼고 있음을 보여 주고 있습니다."

　　"저도 이제 전체적인 그림이 그려지는 것 같습니다."

　　수사관 Y는 그간 해 온 분석 작업을 종합하여 보니 해결되지 않았던 문제가 하나 둘 풀리면서 정리되기 시작했다.

　　며칠이 지난 후 수사관 Y는 당시 수사팀과 연락을 취하여 사건 당시의 현장 상황에 대해 들을 수 있었다. 전언의 일부는 다음과 같았다.

　　"현장 식탁 위에는 아무것도 없이 깨끗했고, 아침 식사 흔적은 전혀 남아 있지 않았습니다…….

　　참, 전자레인지에서 한약 봉지가 하나 발견되었는데, 김남주의 모친에 따르면 피살자 김남주는 하루에 1번, 매일 저녁 식사 후 한약을 먹었다고 합니다."

제8장

새로운 시도,
SCAN 기법을 넘어서

　사건에 따라서는 SCAN 기법을 넘어서는 새로운 분석 방법이 필요한 경우가 있다. 즉, 한 사람이 기술한 진술서를 분석하는 데 그치지 않고, 동일 사건에 대한 두 인물의 진술을 비교하는 것을 통해, 과연 누구의 진술이 신빙성이 있는지 따지는 것이 중요한 실마리를 제공할 수 있기 때문이다.

　다음 사례는 햄버거 가게 화장실에서 칼에 찔려 남성 피해자가 현장에서 사망한 사건인데, 현장에 있었던 두 명의 용의자는 각자 범행을 부인하면서 서로 상대방이 피해자를 칼로 찔러 사망에 이르게 한 것을 보았다고 진술한 경우다.

다만 이 사례의 경우 해당 사건의 특성상 분석 대상이 진술서가 아닌, 수사관이 작성한 조서라는 점과 일부 진술 내용이 통역을 통해서 이루어졌다는 점 등에서 분석상의 한계를 가지나, 진술 비교 분석의 새로운 관점을 제시하고자 의도한 것임을 먼저 밝혀 둔다.

▶▶ L의 진술◀◀

1. 버거킹에서 P와 이야기를 하면서

2. 자신이 옛날에 추방되었던 형들이 아리랑치기를 하던 이야기도 하고

3. P와 아리랑치기를 해 볼려고 시도를 해보았는데

4. 한번도 성공하여 본적이 없고

5. 마지막 순간에 겁이 나서 하지 못하였는데

6. 이곳에서 그러한 일이 일어난다면 어떨까하는 생각도 해보았습니다.

7. 그러한 이야기를 하는데

8. P가 접혀진 칼을 펴면서 가자고 해서

9. 나는 장난으로 생각을 하고

10. 같이 갔는데

11. 장난으로 버거킹에서 이러한 일이 일어나는 것은 웃기겠지라고 하니까

12. 눈을 똑바로 뜨고

13. 접어진 칼을 오른손에 쥐고

14. 가자라고 해서

15. 그래서 그럴 용기가 있느냐라고 하면서

16. 장난이겠지라고 생각을 하였는데

17. P가 하는 짓이 장난일줄 알고

18. 한번 해봐라 라고 말을 하니까

19. 눈을 똑바로 뜨고

20. 가자고해서

21. 화장실에 따라 들어갔는데

22. P가 진담으로 알아듣고

23. 사람을 찔러 죽이는 것을 보고

24. 놀라 ·· (검찰 2회 진술)

25. 그러고 나서 저는 화장실에 씻으러 갔는데

26. 화장실 안에 남자1명이 소변기에서 소변을 보고 있었고

27. 저는 세면대에서 손을 씻고 있는데

28. 세면대 거울로 보니까

29. 친구인 P가 대변을 보는 화장실 문을 열고

30. 들어가려고 하더니

31. 다시 나와서

32. 갑자기 소변을 보던 남자의 목을 칼로 찔렀습니다.

33. 그래서 저는 세면대에서 몸을 돌렸는데

34. 그때 칼에 찔린 남자도 돌아서고

35. P도 그 사람과 마주 보면서 돌아섰습니다.

36. 그래서 저는 P에게 가려서 그 사람을 보지 못하였고

37. P가 그 사람에게 어떠한 행동을 하였는지도 모르겠습니다.

38. 그런데 그 사람이 P에게 달려들려고 헛손질을 하는 것을 보았습니다.

39. 그러던 중에 P가 화장실에서 밖으로 나갔고

40. 저도 그 뒤를 따라 나오는데

41. 그 남자는 바닥에 쓰러지려고 하였습니다. …… (경찰 1회 진술)

42. 밖으로 나와

43. 버거킹을 나오면서

44. 4층으로 올라가는 계단에서 P의 여자친구 미셸과 다른 친구들에게

45. P가 화장실에서 남자를 칼로 찔렀다라고 말을 한 뒤

46. 4층 스카이바로 올라가

47. 저의친구 박이선과 김수영 등에게 버거킹 화장실에 사람이 칼에 찔렀어라고 말을

하였더니

48. 친구들이 자리에서 일어나 1층으로 내려갔는데

49. 친구 박이선과 김수영은 자리에서 앉아있어

50. 제가 자리에 앉으면서

51. 버거킹 화장실에서 P가 남자를 찔렀다라는 말을 하고 있는데

52. 1층에 갔던 친구들이 올라왔고

53. 그중에 친구 조이성이 하는 말이

54. P가 화장실에서 피를 닦고 있다라고 하여

55. 제가 화장실을 가보니

56. 화장실에는 아무도 없고

57. 세면기에 피를 닦은 물만 고여 있었어요.

58. 그래서 저는 자리로 돌아왔는데

59. 친구 이 대호와 다른 친구들이 화를 내면서

60. 누가 그런 짓을 했느냐라고 하여

61. 저는 내가 한 짓이 아니다라고 하였더니

62. 친구들이 빨리 밖으로 나가자고 하여

63. 그곳 스카이바에서 전부 밖으로 나와

64. 저는 주노와 이름을 모르는 남자와 함께 소방서 쪽으로 걸어가서

65. 저와 주노는 횡단보도를 건너

66. 준호는 집 쪽으로 가고

67. 저는 택시를 타고

68. P와 다른 친구들은 어디로 갔는지 보지 못하였습니다.

69. 이촌동 여자친구 신지네 집으로 갔습니다. …… (경찰 1회 진술)

▶▶ P의 진술◀◀

1. L이 대변기문을 열어보고

2. 사람이 있는지 확인한 다음

3. 오른손 시지와 중지사이로 칼날이 나오게 잡고

4. 피해자 뒤에서 목 부위 등을 몇 차례 찌른 다음

5. 뒤돌아서서는

6. 피해자의 가슴부위를 3.4정도 찌른 후

7. 팔을 휘두르는 피해자의 처음 찌른 반대편 목 부위를 여러 차례 찌르고

8. 칼을 화장실 한가운데 쪽에 버리고

9. 밖으로 도망 가버려

10. 친구를 도와주기 위하여

11. 칼을 집어 들고

12. 나왔다.

13. 4층 스카이바 화장실로 먼저가

14. 친구 지용기를 보자

15. 아무말도 하지 말라 한 후

16. 피 묻은 셔츠를 랜디가 벗어주는 셔츠와 갈아입고

17. 그가 주는 검은 모자를 쓰고

18. 화장실을 나와 스카이바에서

19. P가 그런 짓을 하다니 믿을 수 없다고 하면서 울고 있는 여자친구 미셸에게

20. 같이 가자고 하였다가

21. 그녀가 피 냄새가 나니까 비키라면서 거절하여

22. 미8군 영내로 가는 도중

23. 화가 난 듯이 벽을 차면서

24. 어떻게 그런 일이 일어났는지 도저히 믿을 수 없다고 말하고

25. 미8군내에서 랜디, 데니 등이 피 묻은 셔츠를 불태우는것을 본 다음

26. 존을 만나 피 묻은 바지를 바꿔 입고

27. 가는 길에

28. 이사건 칼을 도랑에 버리고

29. 용산 호텔에서 미셸을 다시 만났는데

30. ……

조서에 나타난 황당하고 끔찍한 사건 내용을 앞에 두고 J검사는 수사관 Y에게 물었다.

"어느 편의 진술이 사실로 보입니까?"

시작이라 그렇겠지만, 수사관 Y로서는 막막하다는 느낌뿐 L과 P 중 한편의 이름을 대기가 힘들었다.

"이 진술만으로는 아직 잘 모르겠는데요. 그렇지만 L의 사건 전 진술에서 암초효과가 엿보이고, 반복되는 부분이 눈에 띕니다. 그렇다고 화장실에서 실제로 피해자를 칼로 찌른 사람이 누구인지는 판단하기가 좀…… 어디서부터 접근해야 실마리가 풀릴까요?"

수사관 Y의 답에 J검사는 "뭔가 새로운 발상으로 접근해 봐야겠지요? 그렇지만 먼저 L의 진술을 SCAN을 통해 간략하게나마 분석을 시작해 보는 것이 좋겠네요."라고 담담히 말했다.

1. SCAN의 적용, 연결 어구의 분석

먼저 수사관 Y는 L의 진술에서 사용된 연결 어구를 찾아보았다.

L15행의 '그래서', L25행의 '그리고 나서', L33, L36행의 '그래서', L39행의 '그러던 중에', L58행의 '그래서' 등 모두 다섯 개의 연결 어구가 사용되었다.

1) '그리고 나서' 와 '그러던 중에'

여기에 나타난 '그리고 나서' 와 '그러던 중에' 라는 연결 어구가 그 자체로 시간적·공간적 공백을 내포하고 있는 것으로서, 진술분석을 하는 사람은 이 공백에서 어떤 일이 있었는지를 염두에 두지 않으면 안 된다는 점은 이제 수사관 Y로서도 충분히 인지하고 있었다.

이 공백 안에 뭔가 중요한 사건의 발생을 감추고자 하기 때문에 맥락상의 전후 연결이 느슨해지고 행동이나 논리의 연결이 갑자기 비약하는 듯한 느낌이 드는 것이었다. 먼저 L25행의 '그리고 나서' 의 앞에 직접적으로 어떤 구절이 있었는지 알 수 없지만,[4] 문맥상으로는 '저는 화장실에 씻으러 갔는데' 와 앞서 나온 L19~21행의 '눈을 똑바로 뜨고 가자고해서 화장실에 따라 들어갔는데' 와 연결되어야 한다.

---

4) 이 부분은 편의상 사건 중의 일부만 적시한 것이므로 이전의 L24행의 '놀라' 부분에 이어지는 진술이 아님에 주의

그렇지만 이 두 대목은 논리적으로는 들어맞지 않는 것으로서 어느 하나 또는 두 부분 모두가 사실과 다른 진술이라고 할 수밖에 없었다. 우선 '그리고 나서'의 시간적·공간적 공백을 감안하면, L25행의 '저는 화장실에 씻으러 갔는데'가 사실이 아닐 개연성이 높았다. 이 점은 이어지는 L26~28행에서의 행동과 결합하여 분석하여 보면 더욱 그렇다는 것을 알게 되는데, 진술인은 '화장실에 씻으러 갔다'기보다는 최소한 'P의 행동을 관찰하기 위해서 세면대 앞에 서 있었다'고 보는 것이 타당하기 때문이다.

즉, 이 경우 일반적인 목격자라면, '화장실 세면대에서 손을 씻고 있는데 갑자기 뒤에서 무슨 소리가 들려 고개를 돌려 쳐다보니 피해자가 피를 흘리고 있고 가해자는 칼을 들고 있었다'라는 식으로 진술하는 것이 보통일진대, L29~32행에서 나타나는 바대로 진술인은 이미 무슨 일이 일어날 것임을 예상하고 P의 행동을 자세히 관찰하고 있었다고 볼 수 있다.

29. 친구인 P가 대변을 보는 화장실 문을 열고
30. 들어가려고 하더니
31. 다시 나와서
32. 갑자기 소변을 보던 남자의 목을 칼로 찔렀습니다.

또한 L39행의 '그러던 중에'라는 표현 역시 시간적·공간적 공백을 포함하고 있다. L38행과 L39행의 진술이 맥락상 연결이 되지 않고 있는 것이다. 진술인이 당시 피해자가 P에게 달려들려고 헛손질하는 행동을 보았다면, 그에 대한 자신의 생각이나 행동에 대한 진술이 나오는 것이 자연스러우며, 또 L39행에 나타나는 것처럼 P가밖으로 나간 행동에 대해서도 그 행동이 의미하는 바를 해석하는과정이 잇따르는 것이 자연스럽다고 할 수 있었다.

38. 그런데 그 사람이 P에게 달려들려고 헛손질을 하는 것을 보
    았습니다.
39. 그러던 중에 P가 화장실에서 밖으로 나갔고
40. 저도 그 뒤를 따라 나오는데
41. 그 남자는 바닥에 쓰러질려고 하였습니다.

2) '그래서'

연결 어구 '그래서'는 '순서에 벗어난 정보'로 간주된다. 즉, 진술인이 무엇을 했는지에 초점을 맞추는 것이 아니라 '왜 했는지'를설명하는 대목이기 때문이다. 진술인이 사용한 네 개의 '그래서'가운데 눈여겨보아야 할 것은 L33행과 L36행의 '그래서'다.

먼저 L32행의 '갑자기 소변을 보던 남자의 목을 칼로 찔렀습니다'와 L33행의 '저는 세면대에서 몸을 돌렸는데'를 연결하는 '그래서'의 경우는 적절한 연결 어구에 해당되지 않는다. 왜냐하면 진술인의 진술대로 P의 행동이 예기치 못한 것이었다면, 그 행동의 목격 이후 예상되는 적절한 반응은 놀람 등의 정서적 반응 내지 이에 상응하는 내적 판단의 사고 반응이며, 이어서 P의 행동을 저지하거나 돕는 행동으로 나타나는 것이 순서에 맞기 때문이다.

또한 이러한 반응의 결과로서 '저는 세면대에서 몸을 돌렸는데'라는 진술은 행동의 연결로도 적절한 반응으로도 보기 어렵다. 즉, 몸을 돌리는 이 동작으로 진술인은 피해자와 직접 마주하게 되는데, 연결 어구 '그래서'가 적절한 연결이 되기 위해서는 P의 행동을 저지하거나 지지하는 반응과 결합하지 않으면 안 되기 때문이다.

그렇지만 이 대목에서 진술인은 몸을 돌려 피해자와 조우하는 행동을 하는 데 그칠 뿐 더 이상의 행동은 나타나지 않고 있다. 논리적으로도 앞서 L28행에서처럼 P가 칼로 찌르는 행동을 거울로 보고 있었다면, 일단은 고개를 돌려 제대로 보려는 동작이 먼저 나오는 것이 이치에 맞다. 아울러 L34행에서 보이는 피해자의 행동은 납득이 되지만, L35행의 'P도 그 사람과 마주 보면서 돌아섰습니다'라는 진술은 그 자체로 '납득이 안 되는 정보'가 된다.

32. 갑자기 소변을 보던 남자의 목을 칼로 찔렀습니다.

33. 그래서 저는 세면대에서 몸을 돌렸는데

34. 그때 칼에 찔린 남자도 돌아서고

35. P도 그 사람과 마주보면서 돌아섰습니다.

L36행의 '그래서'는 L33행의 '그래서'의 경우보다는 L35행과의 연결이 더 자연스럽다. 문맥상으로만 보면 진술인과 피해자 사이에 P가 위치하고 있는 것으로서 진술인 자신이 피해자를 보지 못하는 상황이 설명될 수 있기 때문이다.

문제는 L37행에 있다. 즉, 진술인 L-P-피해자의 순으로 위치해 있는 상황에서라면, 진술인으로서는 피해자의 행동을 정확히 보지 못할 순 있어도 바로 자신의 눈앞에 서 있는 P의 행동을 보지 못했다는 것은 '납득하기 어려운 정보'가 아닐 수 없다. 그럼에도 불구하고 진술인은 L38행에서 '그런데 그 사람이 P에게 달려들려고 헛손질을 하는 것을 보았습니다.'라고 함으로써 사실과 다른 진술을 하고 있음을 드러내고 있다.

35. P도 그 사람과 마주보면서 돌아섰습니다.

36. 그래서 저는 P에게 가려서 그 사람을 보지 못하였고

37. P가 그 사람에게 어떠한 행동을 하였는지도 모르겠습니다.

38. 그런데 그 사람이 P에게 달려들려고 헛손질을 하는 것을 보 았습니다.

2. 암초효과의 작용 구간

1. 버거킹에서 P와 이야기를 하면서

2. 자신이 옛날에 추방되었던 형들이 아리랑치기를 하던 이야기도 하고

3. P와 아리랑치기를 해 볼려고 시도를 해보았는데

4. 한번도 성공하여 본적이 없고

5. 마지막 순간에 겁이 나서 하지 못하였는데

6. 이곳에서 그러한 일이 일어난다면 어떨까하는 생각도 해보았습니다.

7. 그러한 이야기를 하는데

8. P가 접혀진 칼을 펴면서 가자고 해서

9. 나는 장난으로 생각을 하고

10. 같이 갔는데

11. 장난으로 버거킹에서 이러한 일이 일어나는 것은 웃기겠지라고 하 니까

12. 눈을 똑바로 뜨고

13. 접어진 칼을 오른손에 쥐고

14. 가자라고 해서

15. 그래서 그럴 용기가 있느냐라고 하면서

16. 장난이겠지라고 생각을 하였는데

17. P가 하는 짓이 장난일줄 알고
18. 한번 해봐라 라고 말을 하니까
19. 눈을 똑바로 뜨고
20. 가자고해서
21. 화장실에 따라 들어갔는데

　　수사관 Y가 보기에는 1행에서 21행까지를 암초효과가 나타나고 있는 구간이라 할 수 있었다. 여기서는 '이야기'라는 말이 3번, '생각'이 3번, '장난'이 '4번' 반복되고 있고, 특히 'P가 가자고 해서'라는 취지의 표현이 3번이나 반복되고 있다는 점이 곧바로 눈에 띈다. L8행에서는 'P가 접혀진 칼을 펴면서 가자고 해서'라고 했다가 L12~14행에서는 '눈을 똑바로 뜨고 접어진 칼을 오른손에 쥐고 가자라고 해서'로 바뀌고, L19~20행에서는 칼에 대한 언급이 빠지고 '눈을 똑바로 뜨고 가자고 해서'라고 진술하고 있는 것이다.

　　즉, 필요 이상으로 동어 반복을 하며 주관적 시간을 끌고 있는 대목으로, 이러한 암초효과 현상을 통해 진술인 L이 자신의 행동을 어디까지 인정해야 할지 고민하고 주저하고 있음이 역력하게 드러난다고 할 수 있다.

3. 새로운 시도, 문제의 해결

1) 관찰자 vs 행동자

수사관 Y는 암초효과 등 진술에 대한 기본적인 분석을 마쳤으나, 서로 상반되는 L의 진술과 P의 진술을 비교하는 방법을 통해 진정 누가 칼로 찌른 범인인지를 제대로 구분해 낼 수 있을는지 자신이 없었다.

이때 J검사는 다음과 같은 질문으로 말문을 열었다.

"두 사람 모두 서로 상대방이 칼로 찌른 범인이라고 주장하고 있는 상황이라면 누가 관찰자(observer)이고 누가 행동자(doer)인지 파악하는 것으로도 사건의 실체에 접근할 수 있습니다. 그렇게 구별하는 기준으로는 무엇이 있을까요?"

"글쎄 그런 기준이 있기는 있나요?" 수사관 Y는 질문에 질문으로 답할 수밖에 없었다.

J검사는 먼저 L의 진술을 찬찬히 읽어 보더니 말을 이어 갔다.

"여기 제시된 L의 진술은 사건 전: 화장실에 들어가기 전 상황(L1 ~L25행), 사건 중: 화장실에서의 상황(L26~L41행), 사건 후: 화장실에서 나온 직후의 상황(L42~L69행)으로 구성되어 있습니다.

그런데 모든 진술은 생각(thinking)과 감각(sensing) 그리고 행동(doing)의 요소를 포함하고 있기 마련인데, L의 진술을 보면 '사건 전'의 상황에서는 생각의 요소가, '사건 중'의 상황에는 감각의 요소가, '사건 후'의 상황에는 행동과 감각의 요소가 상당히 강조되고 있는 것을 알 수 있습니다.

한편 이와 대비되는 P의 진술에서는 '사건 전'의 상황에 대해서는 진술을 거부하여 그 내용이 드러나지 않았고, '사건 중'의 상황은 P1~12행, '사건 후'의 상황은 P13~P29행까지로 제시되어 있습니다. P의 진술에서도 '사건 중'의 상황은 감각의 요소가 강하고, '사건 후'의 상황은 행동과 감각의 요소가 비중이 높다고 할 수 있습니다. 그러므로 '사건 후'의 상황에 대해서는 각자 자신의 행동과 감각의 요소를 적시하고 있지만, '사건 전'이나 '사건 중'의 상황에 대해서는 행동의 요소를 기재하지 않고 있음을 알 수 있습니다. 특히 '사건 중'의 상황에서 서로 타인의 행동을 보았다는 감각의 요소만 나열되어 있을 뿐이지요.

그러기에 일단은 문제가 되는 '사건 중'의 상황에서 L의 진술과 P의 진술이 서로 상반되는 부분, 즉 대향적 진술(對向的 陳述)을 찾아봐야 합니다."

　수사관 Y는 '사건 중'의 진술에서 그러한 부분을 검토해 보았다. 그러자 L29~L32행과 P1~P4행의 진술이 눈에 들어왔다.

L의 진술

29. 친구인 P가 대변을 보는 화장실 문을 열고
30. 들어가려고 하더니
31. 다시 나와서
32. 갑자기 소변을 보던 남자의 목을 칼로 찔렀습니다.

P의 진술

1. L이 대변기문을 열어보고
2. 사람이 있는지 확인한 다음
3. 오른손 시지와 중지사이로 칼날이 나오게 잡고
4. 피해자 뒤에서 목 부위 등을 몇 차례 찌른 다음

　수사관 Y의 지적에 J검사는 그 부분을 소리 내서 읽어 보고 누가 관찰자이고 누가 행동자인지를 생각해 볼 것을 요구했다.

"두 사람 모두 상대방이 대변기가 있는 칸의 문을 열어 본 것을 목격했다고 말하고 있긴 한데, 그래도 왠지 L이 관찰자인 것 같은데요"

"그렇지요. 누구라도 그런 생각이 들 것입니다. 그 이유는 P의 진술에 나타나 있는 '확인한 다음'이라는 말 때문이지요. 다시 말해, L이 제3자적 시점에서 관찰자로서 'P가 대변기 출입문을 열어 들어가려고 하더니 다시 나와서'라고 묘사하고 있는 데 반해, P는 사람이 있는지 확인했다는 내용, 즉 행동자(doer)에게 그 주관적 의도를 묻지 않고서는 알 수가 없는 내용을 말하고 있기 때문입니다.

그리고 이 경우 L의 진술은 P 대신 '나'를 주어로 할 때 문장이 성립되지 않지만, P의 진술은 L 대신 '나'를 주어로 하더라도 문장이 성립되는 데 아무런 지장이 없는 것을 알 수 있습니다. 그러므로 우리는 이 대목에서 L이 관찰자이고, P는 행동자라는 것을 금방 알아차리게 됩니다."

그렇지만 수사관 Y는 이런 진술만으로 과연 관찰자와 행동자의 명확한 구분이 가능한지 약간은 의문이 들기도 하였다. 그래서 이

분석을 뒷받침하는 추가적인 근거도 진술에서 찾아볼 수 있는지를
물었다.

이에 J검사는 고개를 끄덕이며 설명을 계속했다.

"관찰자는 자신이 상대방의 행동을 관찰한 위치와 상황을 쉽게
설명할 수 있겠지만, 행동자는 순간적으로 그 당시 관찰자가 어디에
있었는지, 자신이 어떻게 관찰했는지 설명하기가 어렵겠지요. 결국
쉬운 방법은 자신의 행동을 상대방이 했다는 식으로 진술하는 것이
될 것입니다. 그러므로 이 경우에는 L의 진술에서 그런 부분이 포착
됩니다."

그러고 보니 L27~L28행이 관찰의 위치와 상황을 설명하고 있는
대목인 것을 알 수 있었다.

> 25. 그러고 나서 저는 화장실에 씻으러 갔는데
> 26. 화장실 안에 남자1명이 소변기에서 소변을 보고 있었고
> 27. 저는 세면대에서 손을 씻고 있는데
> 28. 세면대 거울로 보니까

"그런데 L의 진술에서 흥미로운 것은 그 직전의 L25~26행입니

다. 앞서 연결 어구 '그러고 나서'와 관련해서 잠시 살펴본 것처럼 이 진술을 통해 L이 화장실에 씻으러 갔다기보다는 다른 의도로 간 것을 알 수 있으니까요. 진술인이 그저 손을 씻으러 화장실에 갔다 가 현장을 목격했다면, 사실 L25~26행의 진술은 불필요한 정보에 해당될 것입니다.

진술인 L이 '화장실에 손을 씻으러 갔는데, 화장실 안에서 남자 1명이 소변을 보고 있었다'라는 내용을 굳이 진술한 것은 역설적으 로 그에게 화장실에 손을 씻으러 간 것 이외의 다른 의도가 있었고, '소변을 보고 있는 남자'를 의식하고 있었다는 점을 말해 주고 있습 니다. 사건을 우연히 목격한 사람이라면 L25~L28행은 '화장실에서 손을 씻고 있다가 사건을 목격하였다'라는 정도로 진술될 것입니다.

또 '저는 세면대에서 손을 씻고 있는데 세면대 거울로 보니까'라 는 언급 역시 손을 씻는 척하였을 뿐 진술인의 의식은 손을 씻는 데 집중한 것이 아님을 말해 주고 있지요. 사람이 그저 손을 씻으면서 L29~L32행에서처럼 다른 사람이 '화장실 문을 열고 들어가려고 하더니 다시 나와서 칼로 찌르는 장면'을 상세히 목격하기는 어렵 다고 볼 수 있기에 진술인 L이 이미 이 상황을 예의 주시하고 있었 다는 것을 알 수 있습니다.

그러기에 우리는 진술인 L이 화장실에 들어가서 우연히 범행 장면을 목격하였다기보다는 화장실에 들어가기 전부터 화장실에서 P가 칼로 찌르는 행동까지의 상황을 계속해서 의식하고 있었다는 결론에 도달하게 됩니다."

수사관 Y는 이 대목에서 한마디 거들었다.

"P3행의 '오른손 시지와 중지사이로 칼날이 나오게 잡고' 라는 표현 역시 행동자(doer)가 아니면 쉽게 알기 어려운 장면이라고 생각되는데요."

"맞습니다. 그 부분 역시 상대방이 알려 주지 않으면 일반인으로서는 알거나 묘사하기 어려운 대목임에 틀림없지요. 따라서 이러한 표현 역시 진술인 L이 관찰자라는 점을 다시 한 번 확인시켜 주는 진술이 되는 것입니다."

2) 내적 시각(內的 視角, internal sight of angle)

"그다음으로 중요한 대향적 진술 부분을 찾아보시지요."

수사관 Y는 '사건 중'의 화장실 안에서의 상황에 대한 진술인 L과 P의 진술을 다시 한 번 비교하면서 읽어 보았다. 서로 상대방이 피해자를 칼로 찔렀다는 주장은 상반된 진술의 대표이긴 하지만, 여기서는 그 진술 자체로 진위를 파악하기 어려우므로 분석을 뒷받침하는 추가적인 장면이 필요한 것이다.

"화장실에서 나오는 장면을 비교하면 좋을 것 같습니다."

L의 진술

39. 그러던 중에 P가 화장실에서 밖으로 나갔고
40. 저도 그 뒤를 따라 나오는데
41. 그 남자는 바닥에 쓰러질려고 하였습니다

P의 진술

8. 칼을 화장실 한가운데 쪽에 버리고
9. 밖으로 도망 가버려
10. 친구를 도와주기 위하여
11. 칼을 집어 들고
12. 나왔다

"그렇습니다. 진술이 가장 엇갈리는 또 다른 대목이 바로 화장실에서 나오는 장면이지요. 보통은 누가 먼저 화장실에서 나왔는가를 따지겠지만, 진술분석에서는 그 진술 내용 자체에 대한 검토가 필요합니다. 누구의 진술이 맞는 것 같나요?"

J검사의 질문에 수사관 Y는 여기서는 그래도 P의 진술이 신빙성이 있어 보인다고 답했다. 그러나 그렇게 말하면서도 그 이유를 얼른 설명하기가 어려웠다.

"여기서 우리가 고려해야 할 점은 내적 시각의 문제입니다. 내적 시각이라고 하는 것은 진술인이 특정한 장면을 회상할 때 기억 당시의 상황적 맥락에서 어느 위치에서 어디를 바라보고 있는지를 고려한다는 의미입니다. 먼저 진술인 L의 L39행의 진술을 볼 때, 진술인의 내적 시각은 현재 어디에서 어디를 향하고 있다고 생각되나요?"

"'그러던 중에 P가 화장실에서 밖으로 나갔고'라고 한 것으로 보아 진술인 L의 내적 시각은 아직 화장실 안에서 밖으로 나가는 것을 보고 있다고 하는 것이 맞는 것 같은데요."

"그렇게 볼 수 있을 겁니다. 얼핏 보면 진술인 L이 화장실 안에 있는 것처럼 보입니다. 그런데 만약 L이 그와 같이 진술한 것이 사실이라면, 여기서 L의 내적 시각은 화장실 안이 아니라 화장실 밖에서 바라보고 있었다고 해야 합니다.

우리가 화장실 안에서 이야기를 하고 있다가 일행 중 한 사람이 갑자기 밖으로 나간 경험이 있고, 그 경험을 기억해서 진술할 경우 어떻게 말할지 한번 생각해 봅시다. 그럴 경우 대부분의 사람들은 '갑자기 나가더라고. 그때는 그 애가 왜 나가는지 몰랐지. 그래서……' 와 같이 표현할 것입니다.

다시 한 번 기억의 전진법칙이 작용하는 것이지요. 우리가 기억을 하고자 당시 상황을 떠올리는 순간 이미 그 상황적 맥락 안에 들어가 버리기 때문에 진술인은 'A가 B에서 C로 나갔다' 라고 표현하지 않고 'A가 C로 갔다' 라고 진술하고, 누군가가 '어디서 나갔느냐' 라고 물어볼 때에야 'B에서' 라고 대답하게 됩니다.

이런 점에 비추어 볼 때 진술인 L의 진술은 화장실에서 P가 나간 것을 경험한 것이 아니라 상상에 의하여 진술하고 있으며, 화장실에서 밖으로 나가는 P를 화장실 밖의 위치에서 바라보고 묘사하고 있다고 할 수 있습니다.

이제 L40행에서 진술인 L의 시선은 어디에서 비롯되고 있는지 알아볼까요? 여기서 '저도 그 뒤를 따라 나오는데'라는 표현은 해결의 실마리를 제공해 줍니다. 이 진술도 얼핏 보면 먼저 나간 P를 따라 나오는 장면으로 이해되기 때문에 진술인 L이 아직 화장실 안에 있는 것으로 잘못 생각할 수 있습니다.

그렇지만 '따라 나간' 것이 아니라 '따라 나온' 것이라고 표현한 것에 주목해야 합니다. '따라 나오는 것'을 보려면 관찰자가 밖에 있어야 합니다. 물론 '따라 나갔다'는 의미를 우리가 일상적으로 '따라 나왔다'고 표현하는 경향이 있기 때문에 이런 식으로 진술했다고도 해석할 수 있습니다. 그렇지만 '따라 나갔다'고 할 경우 내적 시각이 아직 안에 있다고 할 수 있지만, '따라 나왔다'고 할 경우에는 내적 시각의 중심점이 이제는 밖에 있다고밖에 말할 수 없게 됩니다.

그러므로 L39행과 L40행의 두 진술에서 '내적 시각'의 문제는 진술인 L이 화장실 안에서 바라보고 있는 것이 아니라 화장실 밖에서 제3자의 관찰자적 시각을 보이고 있는 것으로 해석됩니다.

그런데 L41행에서는 이 내적 시각이 갑자기 화장실 안으로 다시 돌아갑니다. 즉, '그 남자는 바닥에 쓰러질려고 하였습니다'는 진술인 L이 화장실 안에서 직접 경험한 장면을 서술한 것으로서 진술인의 내적 시각이 화장실 안에 있다는 것을 여실히 알 수 있습니다. 이 장면은 L이 화장실 안에서 목격한 마지막 상황으로 보입니다.

따라서 진술인 L의 L39~L41행의 진술 가운데 신빙성이 높은 부분은 L41행이 되는 반면, L39행과 L40행의 진술은 그 신빙성이 일단은 의심이 된다고 하겠습니다.

한편 진술인 P의 진술 가운데서는 P8~P9행의 '칼을 화장실 한가운데 쪽에 버리고 밖으로 도망가버려'라는 표현은 자신이 본 것을 묘사한 것인데, L이 밖으로 나간 행동에 대하여 주관적인 판단을 내려 '도망'이라는 단어를 사용한 것에 주목해야 합니다.

방금 말한 대로 P가 L의 특정한 행동, 즉 '칼을 버리고 밖으로 나간' 것을 보지 않았다면, 그것을 기초로 한 내적인 판단의 결과인 '도망'이라는 표현을 사용하기는 어렵기 때문입니다. 즉, L39행의 '그러던 중에 P가 화장실 밖으로 나갔고'의 표현과 비교해 보면 진술의 신빙성이 훨씬 높다고 판단할 수 있습니다.

그렇다고 하더라도 P10행의 '친구를 도와주기 위하여'와 P11~P12행의 '칼을 집어 들고 나왔다'라는 말에서의 사고와 행동 요소가 이해되는 것은 아닙니다. 칼을 집어 들고 나온 행동이 친구를 도와주기 위한 것이 되는 이유를 우리는 이해하기 어렵습니다. 물론 범행도구인 칼을 집어 들고 나옴으로써 증거를 없애려 한 것으로 해석할 수 있지만, 굳이 '친구를 도와주기 위하여'라고 그 이유를 명시한 것은 이른바 '순서에 벗어난 정보'에 해당됩니다. 따라서 과연 그렇게 해석하는 것이 맞는지 의문을 제기해야 합니다. 그러므로 P10행은 '납득하기 어려운 정보'이자, '순서에 벗어난 정보'로 간주되며, 이에 대한 정확한 설명은 결국 진술인 P로부터 확인할 수밖에 없는 것입니다.

진술인 P의 P8~P9행의 진술은 P11행의 '칼을 집어 들고'와도 자연스럽게 연결이 됩니다. 다만 P12행의 '나왔다'는 앞서 본 '내적 시각'의 분석 관점에서 보면 이미 진술인 P가 화장실 밖으로 나와 자신의 행동을 묘사하거나 나왔다는 행동 자체에 중점을 두고 진술한 것이어서, 이전의 P8~P11행에서 화장실 안에 시각이 있는 것과 대비되는 데 주의해야 합니다. 다시 말해, P11행의 '칼을 집어 들고'와 P12행의 '나왔다'의 사이에 시간적·공간적 공백이 존재하고, 그 공백에 '무슨 일이 있었을 수 있다(something happened)'는 점을 드러낸다고 볼 수 있으니까 말이지요. 그러면 결국 우리는 P가 칼을 집어 든 것 자체가 친구를 도와준 것이 아니라 칼을 집어 들고 무슨 일을 하였다는 것이 친구를 도와준 것은 아닐까 하는 가설에까지 도달할 수 있게 됩니다. 친구 L이 제대로 자기의 역할을 못하고 도망가 버린 바람에 자신이 마무리를 하고 나왔다는 정도의 내용을 보충하여 이해할 때에 비로소 우리는 진술인 P가 '친구를 도와주기 위하여' 라고 한 진술의 의미를 납득할 수 있게 됩니다."

3) 현실성의 문제

이상의 상황을 종합한 결과, 수사관 Y는 '칼을 먼저 찌른 사람은 P, 칼을 나중에 들고 나온 사람도 P, 중간에 칼을 버린 사람은 L' 이라는 잠정적인 가설을 도출할 수 있었다. 이로써 당시의 상황이 어느 정도 눈앞에 그려졌다. 이제 남은 것은 이러한 가설이 진실에 부합되는지 다른 사람의 진술이나 증거를 통해서 확인하고 점검하는 작업이었다.

에필로그
진술분석, 사실인정의 맥

우리는 지금까지 종이 위에 쓰인 몇 장의 진술서를 통해 진술인이 '말하고 싶어 하지만 말할 수 없는' 그 무엇을 찾아가는 작업을 해 왔다. 실제로 뭔가를 숨기고 있는 진술서를 대하면, 여기저기 남겨 놓은 이런 저런 자국들로 인해 그것을 처음 읽어 보는 사람일지라도 왠지 모르게 어색하다는 느낌을 받는 경우가 많다.

진술분석은 이런 느낌이 왜 그런 것인지를 하나씩 밝혀 나가는 작업이다. 혹자는 진술분석을 아무리 해 봐도 진술인이 가령 '내가 누군가를 죽였다' 고 직접 말하지 않은 이상, 그것이 무슨 소용이 있느냐고 그 효용에 대해 의문을 제기할지도 모른다. 그렇지만 사실

311

수사란 범인이 지워 버린 숨은 그림을 맞추어 나가는 게임이다.

　진술분석은 진술서 속에 은폐되어 있는 어떤 흔적과 편린들을 사용된 어휘와 구절, 문장, 그리고 그것들을 연결하는 어구에 대한 세밀한 관찰과 분석을 통해 드러내는 것을 일차 목표로 삼는다. 이는 곧 진술인이 '말하고 싶어 하지만 말할 수 없었던' 그 무엇이 차지하고 있는 시간적 · 공간적 공백을 드러내는 것이다. 그러한 시간적 · 공간적 공백 자체가 사실을 왜곡하고자 하는 진술인에게는 치명적인 급소로 작용할 수 있다.

　예컨대, 살인 피의자로 조사를 받고 있는 한 진술인이 있다고 하자. 지난 4월 한 달간의 행적에 대해 진술하면서 진정으로 중요한 정보는 전혀 노출시키지 않았다고 생각한 진술인은 수사관으로부터 다음과 같은 질문을 받고 무척 당황하게 된다. 즉, 갑자기 수사관이 쥐도 새도 모르게 시체를 강물에 던져 버린 4월 15일 밤을 지목하면서 "우선 4월 15일 밤에 있었던 일만을 있는 그대로 얘기해 보시지요?"라고 물었기 때문이다. 이 순간, 진술인은 더 이상 버티기가 어렵게 된다.

　진술서의 전체 내용 가운데 진술인에게 가장 민감한 순간이나 사항이 될 수 있는 부분을 찾아내는 것. 수사의 초기 단계에서 행해지

는 진술분석의 효용은 이것만으로도 어느 정도 제 몫을 했다고 할
수 있다.

그렇지만 진술분석은 여기서 한발 더 나아가야 한다. 은폐된 시
간적·공간적 공백을 드러낼 뿐만 아니라 그 공백에 숨어 있는 진
실이 구체적으로 무엇인지를 풀어 나가야 한다.

그것을 푸는 열쇠는 다름 아닌 진술분석의 다음 네 가지 기본적
질문이다. 진술인은 왜 그 말을 했을까? 왜 그 말을 그런 식으로 했
을까? 왜 그 말을 그런 식으로 하필 그 자리에서 했을까? 왜 그 말
을 그런 식으로 그 자리에서 그만큼 말했을까?

사실 이렇게 질문을 하고 해답을 찾아가는 작업은 추론(inference)
과 맞닿아 있다.

해리 케멜만(Harry Kemelman)의 단편 추리소설 작품의 하나로
The Nine Mile Walk(1947)가 있다.

주요 등장인물은 지방 검사(County Attorney)와 대학의 영문과
교수인 웰트(Nicholas Welt)인데, 두 사람은 가까운 친구 사이로 가
끔 블루문이라는 카페에서 아침 식사를 하곤 했다. 그날도 아침 식

사 시간에 우연히 만나 제시된 문장에서 사실을 추론하는 게임을 하게 된다. 웰트 교수는 10단어 정도로 된 어떤 문장이라도 제시하면 그것이 어떤 상황인지 논리적으로 완벽하게 추론해 보이겠다고 장담한다. 그러자 검사는 우연히 카페 앞에서 누군가로부터 들은 말을 장난삼아 교수에게 문제로 제시했다.

"9마일이나 걷는 것은 장난이 아니야, 더구나 이런 빗속에서"
(A nine mile walk is no joke, especially in the rain)

교수는 그 문장이 다소 품위 없는 표현인데다가 엉뚱한 것이어서 그 출처가 있을 것으로 생각하고 검사에게 물었지만, 검사는 그저 머릿속에 떠오른 것을 말했을 뿐이라고 우기면서 게임을 시작해 보라고 한다. 이에 웰트 교수는 추론을 시작한다.

추론 1: 화자는 넌더리를 내고 있다.
추론 2: 화자는 비가 오리라고 예상치 못했다. 그렇지 않았다면, "이런 빗속에서 9마일이나 걷는 것은 장난이 아니야."라고 했을 거야. 그 대신 '더구나(especially)'라는 말을 생각 끝에 덧붙이지도 않았을 거고.
추론 3: 화자는 운동선수나 야외 활동가가 아니다. 그것 역시 '더구나(especially)'라는 어구 때문이지. 화자가 "이런 빗속에서 9마일이나 걷는 것은 장난이 아니야."라고 말하지 않고, 그저 그 걷는 것, 바로 그 거리(distance)가 장난이 아니라고 했단 말이지. 사실 9마일은 그렇게 먼 거리가 아닌데, 골프 18홀의 절반이 조금 넘을 뿐이거든. 또 그렇게 말하는 걸 보면 걸은 의도가 그리 사소한 것이 아니라고 추정할 수 있어. 화자는 실제로 걸었던 것을 언급하고 있고, 그 걸은 목적이 내기에 이기거나, 뭐 그런 류의 것이 아니라는 거지. 그리고 걸은 지역이 여기라는 거야.

추론 4: 화자가 걸었던 시간은 아주 밤중이거나 아주 이른 새벽이다. 말하자면 밤 12시에서 아침 5시나 6시 사이라는 말이지. 그것은 9마일이라는 거리(distance)를 생각해 보면 되지. 우리는 인구가 상당히 밀집해 있는 지역에 살고 있어. 어떤 길을 택하던 9마일 이내에 도시가 있고, 마을을 지날 수밖에 없다네. 열차도 있고, 버스도 있고, 고속도로에 차도 많이 다니지. 그렇다면 버스나 열차가 다니는 데 누가 빗속에서 9마일이나 걸어야 할까? 결국 버스도 열차도 끊기고, 도로에 인적이 뜸해 낯선 사람을 선뜻 태우기가 망설여지는 그런 한밤중이 아니고서야.

추론 5: 화자는 도시를 벗어나기보다는 도시를 향해 걸었다. 화자가 9마일이라고 정확하게 말했기 때문이지. 10마일, 100마일은 다소 부정확한 어림수로서 10마일이라고 하더라도 꼭 9마일을 말한다고는 할 수 없지만 9마일이라고 정확히 말한 것은 의미가 있지. 우리가 시골 어느 농장까지 거리를 물어보면 대개 어림짐작으로 한 3, 4마일이라

고 하지만, 그 농장 주인은 3.4마일이라고 정확히 말할 것
이네. 도시 밖으로 벗어나기보다는 도시로 향했을 가능성
이 높다고 할 수 있지. 물론 도시라면 차가 있었을 테고.

추론 6: 화자는 확실한 목적지를 향해 가고 있었고, 더욱이 일정
한 시간에 도착해야만 했었다. 특정한 거리를 말할 때는
특정한 지점이 이 목표로 정해졌다고 생각할 수 있지. 9
마일 거리를 말한 거는 정확한 목표가 있었다는 것을 말
하지. 또 일정한 시간에 도착할 필요가 없었다면 굳이 그
밤중에 빗속에서 9마일을 걸어 갈 필요가 없었을 테고.

이처럼 웰트 교수의 추론은 계속되고, 이후 9마일은 성인이 걸을
때 4시간 정도의 거리라는 점, 특정 지점에 도착해야 하는 목표 시
간이 아침 5시경일 거라는 것, 그곳이 도시의 어느 지점이라는 것
등을 따져서 해들리 역이 목표 지점으로 떠올랐다. 그것은 그 시간
해들리 역에는 보스턴 발 열차 워싱턴 플라이어(Washington Flyer)
가 급수를 위해 정차하기 때문이었다. 그런데 교수와의 만남 후 검
사가 사무실에 도착해서 받은 첫 전화는 정말로 그 열차 내에서 살
인사건이 났다는 보고였다. 검사는 즉시 블루문 카페로 수사관을 보
내 아침에 그 문장을 말한 범인들을 체포할 수 있었다.

이것은 비록 소설 속의 이야기지만, 열 개 남짓한 단어로 구성된
하나의 문장을 통해서도 여러 가지 사실들을 추론해 나갈 수 있다

는 것을 웅변적으로 보여 준다.

이에 비하면 우리가 대면하는 진술서는 비단 하나의 문장만으로 이루어진 것이 아니다. 작게는 수십 개에서 많게는 수백 개의 문장으로 이루어져 있고, 그 속에는 수많은 단어와 어휘, 연결 어구가 빼곡하게 들어차 있다.

웰트 교수는 검사에게 '추론의 사슬은 논리적일 수 있지만 아직은 사실이 아니다(A chain of inferences could be logical and still not be true.)'.라는 교훈을 주고자 했지만, 역설적이게도 이 소설에서는 현실의 사건을 해결하는 것으로 결말이 남으로써 추론의 사슬은 논리적이고 사실일 수 있다는 것을 보여 준다.

웰트 교수의 추론 과정은 진술분석의 한 단면을 보여 주고 있다. 한 문장에서의 단어나 어휘, 어구의 배치와 구조를 통해 진술인이 우리에게 전달하고자 하는 의식적, 무의식적 정보를 찾아내는 것이다. 그것을 찾는 열쇠는 바로 우리 모두가 사용하는 언어 법칙, 경험 법칙, 논리 법칙이다. 이러한 보편적 열쇠를 통해 진술 내에 나타나는 각 개인의 구체적, 개별적 특성과 그 변화를 추적하다 보면 진술인이 말하고 싶어 하지만 말할 수 없는 그 무엇까지도 자연스럽게 드러나는 것이다.

실제로 현실의 수사는 개별적 사실로부터 하나의 가설(hypothesis)을 설정하고 그 가설을 통해 새로운 사실을 밝혀내거나 아니면 그 가설이 새로이 발견된 사실과 부합하는지를 추구하는 과정이라고 할 수 있다. 그러기에 현실의 수사에서 사용되는 추론은 '귀추적 추론(abductive reasoning)'이다. 이 추론은 기존의 연역적, 귀납적 추론과 다른 상상력을 요구한다. 즉, 주어진 사실을 기초로 가장 잘 설명할 수 있는 가설을 만들어 나가는 방법인 것이다.

현장에 떨어져 있는 단편적인 증거의 편린과 사건을 둘러싼 인물들의 진술이나 행동의 일단을 통해 이를 포괄하여 설명할 수 있는 가설(A가 B를 죽였다)을 수립하고, 그 가설이 이전이나 이후 발견된 모든 증거와 사실을 포괄할 수 있는지를 끊임없이 검증해 나가는 과정이 바로 수사과정이라 할 수 있다. 이러한 과정에서 진술분석은 진실을 찾아가는 가장 핵심적인 경로를 제공한다.

이제 J검사의 진술분석 강의는 끝났다. 하지만 수사관 Y, 아니 우리 모두의 진술분석은 이제 시작될 것이다.

J검사가 그동안 강의한 진술분석은 Sapir의 SCAN(Scientific Content Analysis) 기법을 바탕으로 한 것으로서 진술분석의 여러 유형 가운데 하나일 뿐이다. 사실 진술분석은 비단 수사상 진술서를

진술분석

분석하는 것에 그치는 것은 아니다. 재판과정에서의 모든 진술도 분석 대상이 될 수 있다.

그러기에 진술분석은 진술분석관만의 영역이 아니다. 수사를 담당하는 검사, 경찰관은 물론 재판을 담당하는 판사도 합리적 추론과 과학적 심증을 통한 사실인정을 위해서 반드시 알아야 할 핵심 지식과 기술인 것이다. 수사 일선에서 진술분석에 대한 요구와 기대는 이미 상당하다.

진술분석이 수사와 재판과정에서 사실인정의 핵심 영역으로까지 성장할 그날이 기다려진다.

찾아보기

저자 소개

김종률

현재 법무연수원 연구위원으로 재직 중이다. 그는 서울대학교 법과대학 4학년 재학 중인 1984년 제26회 사법시험에 합격하였고, 1987년 사법연수원을 수료한 이래 대구지검·속초지청·법무부 조사과·서울 남부지청의 검사, 광주지검 부부장검사, 광주고검 검사, 춘천지검·수원지검·남부지검 부장검사, 대검 과학수사담당관, 군산지청장, 대검 전략과제 연구관을 역임하여 오면서 수사과학화, 특히 대인적 과학수사 문제에 지속적으로 관심을 갖고 수사심리학 분야를 개척하고 있다. 잃어버린 과거의 재구성이라고 수사를 정의하는 그는 나뭇가지의 작은 흔들림에서도 장차 큰 바람이 불 것을 감지해 내야 하는 혜안과 불의를 용서할 수 없는 정의감을 강조한다.

〈약력〉 1981. 순천고 졸업
1984. 제26회 사법시험 합격
1985. 서울대학교 법과대학 사법학과 졸업
1987. 사법연수원 제16기 수료
1990. 군법무관
1990. 대구지방검찰청 검사
1992. 춘천지방검찰청 속초지청 검사
1993. 법무부 조사과 검사
1996. 서울지방검찰청 남부지청 검사
1996. 미국 조지워싱턴대학 연수
1999. 광주지방검찰청 부부장검사
1999. 광주고검 검사
2000. 미국 산타클라라대학 연수
2001. 춘천지방검찰청 부장검사
2002. 수원지방검찰청 공판송무부장검사

2002. 법무연수원 연구위원

2004. 대검 과학수사과장, 과학수사담당관

2006. 서울남부지방검찰청 부장검사

2007. 법무연수원 연구위원

2007. 영국 포츠머스대학 연수

2008. 전주지방검찰청 군산지청장

2009. 대검 전략과제 연구관

2010. 법무연수원 연구위원(현)

〈저서〉 정신감정과 치료감호 자료집(공저, 한국형사정책연구원, 1996)

　　　 피보호감호자의 사회적응증진과 재범방지를 위한

　　　　 교정처우 프로그램에 관한 연구(공저, 한국형사정책연구원, 1997)

　　　 수사심리학(학지사, 2002)

진술분석 – 실제 사례를 통한 숨겨진 진실과 정의 찾기

2010년 8월 19일 1판 1쇄 발행
2025년 5월 30일 1판 9쇄 발행

지은이 • 김 종 률
펴낸이 • 김 진 환
펴낸곳 • (주) **학지사**

　　　　04031 서울특별시 마포구 양화로 15길 20 마인드월드빌딩 5층
대표전화 • 02) 330-5114　　　팩스 • 02) 324-2345
등록번호 • 제313-2006-000265호

홈페이지 • http://www.hakjisa.co.kr
인스타그램 • https://www.instagram.com/hakjisabook

ISBN 978-89-6330-458-8 93180

정가 **13,000**원

출판미디어기업 **학지사**

간호보건의학출판 **학지사메디컬** www.hakjisamd.co.kr
심리검사연구소 **인싸이트** www.inpsyt.co.kr
학술논문서비스 **뉴논문** www.newnonmun.com
원격교육연수원 **카운피아** www.counpia.com
대학교재전자책플랫폼 **캠퍼스북** www.campusbook.co.kr